VENCENDO A CRISE

MYLES MUNROE

VENCENDO A CRISE

Descubra o Segredo Para Prosperar em Tempos de Adversidade

1ª. Edição

Belo Horizonte

Diretor
Lester Bello

Autor
Myles Munroe

Título Original
Overcoming Crisis

Tradução
Idiomas e Cia, por Claudia Butcher

Revisão
Idiomas e Cia, por Ana Carla Lacerda

Design capa (Adaptação)
Ronald Machado

Impressão e Acabamento
Promove Artes Gráficas e Editora

Rua Major Delfino de Paula, 1212
Bairro São Francisco, CEP 31.255-170
Belo Horizonte/MG - Brasil
contato@belloeditora.com
www.belloeditora.com

1ª. Edição Julho de 2009
2ª Reimpressão – Abril de 2020

Munroe, Myles
M968 Vencendo a crise: descubra o segredo para prosperar em tempos de adversidade / Myles Munroe; tradução de Idiomas e Cia. – Belo Horizonte: Bello Publicações, 2014.
240p.
Título original: Overcoming crises

ISBN: 978-85-61721-38-1

1. Crise – Superação. 2. Dificuldades - Superação – Confiança em Deus. I. Título.

CDD: 330.15
CDU: 338.974

Todas as citações bíblicas, salvo indicação contrária, foram extraídas da Bíblia Sagrada, Nova Versão Internacional, Editora Vida, 2000. Todos os direitos reservados. As ênfases que aparecem em algumas transcrições das Escrituras foram inseridas pelo próprio autor.

Na tradução, foram utilizadas diferentes versões da Bíblia a fim de oferecer ao leitor a idéia original do autor em cada trecho. Em alguns casos indicados, optou-se pela tradução direta dos versículos para que fosse mantida a fidelidade. Versões utilizadas:
The Holy Bible, New Living Translation (NLT) – adaptada.
The Message (TM) - adaptada.
ARA – João Ferreira de Almeida, revista e atualizada, 1997, Vida Nova.

Publicação em acordo com as orientações do NOVO ACORDO ORTOGRÁFICO DA LÍNGUA PORTUGUESA, em vigor desde janeiro de 2009.

Índice

Prefácio

O que você faz quando tudo em que confiava desmorona? Como você se prepara para uma mudança repentina na vida? Como se recupera quando a vida o pega de surpresa? Depois de uma vida inteira de trabalho duro, dedicação, compromisso e lealdade à carreira escolhida, como é possível mudar sua vocação e suas habilidades? O que fazer quando o sonho e o investimento de toda a sua vida desmoronam sem que você tenha cometido qualquer falha? Como se restabelecer depois que instituições abruptamente "puxam o seu tapete", instituições estas que supostamente deveriam protegê-lo? O que você diz à sua família quando enfrenta a realidade de que talvez não consiga mais suprir suas expectativas de segurança, sustento e provisão? Para onde podemos ir quando desejamos trabalhar, mas não há empregos? O que fazer quando seu senso de orgulho por seu desempenho pessoal é lançado nas chamas da sobrevivência? O que fazer para seguir em frente ao ver o legado de anos de trabalho desaparecer quando você recebe uma carta de demissão da empresa que ajudou a construir? Como encarar a família que um dia você deixou de lado para fazer fortuna e perseguir seus sonhos? Como pedir a eles que o recebam de volta simplesmente porque seu mundo evaporou? Para onde você vai quando as pessoas que poderiam ajudá-lo também estão, elas mesmas, precisando de socorro?

Todas as perguntas anteriores são situações reais que encontrei ao aconselhar centenas de indivíduos que se depararam com momentos difíceis em suas vidas. Embora cada situação fosse única, todas estavam ligadas por um fator em comum: cada adversidade havia sido iniciada por aquilo que chamamos de *crise*.

Cada um de nós enfrentará algum tipo de crise ao longo de sua vida. Todos nos deparamos com situações sobre as quais não possuímos nenhum controle pessoal e que não esperávamos ou poderíamos prever. Muitos de nós, talvez, ainda estejamos buscando nos recuperar de um casamento desfeito, de um bebê que nasceu morto, da morte súbita de um cônjuge, de um filho, de alguém amado. Talvez você tenha perdido a casa dos seus sonhos, seu carro tão almejado, seu bebê ou sua empresa. Seja qual for a sua situação, ela pode ser chamada de crise.

Viver na terra exige que esperemos o inesperado e que nos preparemos para o imprevisto. Essa é a natureza da vida. Mas muitos de nós não possuímos as ferramentas mentais, emocionais, psicológicas e espirituais necessárias para suportar essas fases de tribulação com sucesso e eficácia. Se esse é o estado em que você se encontra, então este livro é para você ou para alguém que você ama e que precisa saber que existe vida após a crise.

Introdução

O mundo está em crise. Entretanto, no passado o conceito de "crise global" não existia. *Globalização* é um termo moderno que descreve o colapso das barreiras naturais entre as nações, como distância, cultura, tarifas de comércio e acesso à comunicação global. Este novo fenômeno internacional foi iniciado com o advento das viagens modernas e foi intensificado com a invenção do rádio, da televisão, da tecnologia telefônica e finalmente explodiu com o surgimento do computador e da tecnologia do ciberespaço. Tais invenções transformaram de forma definitiva a vida no planeta Terra como o conhecíamos, impactando a forma como as pessoas se movimentam, bem como o comércio e o câmbio internacional, a migração e a imigração, a interação cultural e a colaboração política. O resultado mais importante desta transformação global é a interdependência das nações. A realidade desta nova era é o fato de que as circunstâncias, os eventos ou as principais transformações em ambientes sociais, políticos, econômicos e culturais de uma nação afetam o ambiente de muitas outras nações e comunidades.

Enquanto este livro está sendo escrito, o mundo está entrando em uma das crises internacionais mais críticas da nossa geração. Todos os veículos de notícias nos dão informações sobre a desaceleração ou o colapso financeiro mais recente. Todo mundo é afetado de alguma forma, mesmo os mais ricos. Ninguém consegue impedir o processo.

De repente, todos os países no mundo se encontram em meio à recessão – ou pior. As taxas de desemprego sobem ininterruptamente. Muitos sofrem a perda de suas casas e propriedades. Empresas enfrentam a falência e a liquidação. A economia em meu país, as Bahamas, depende especialmente do turismo. Adivinhe o que será eliminado em primeiro lugar do orçamento das pessoas quando o dinheiro se tornar escasso? Noventa por cento dos empregos nas Bahamas existe em função do turismo; isso significa que toda a nossa economia é afetada quando o fluxo de turistas se torna mínimo devido a uma recessão ou depressão econômica (Ironicamente, Cuba costumava ser o principal ponto turístico em nossa região antes do governo cubano tornar-se socialista, o que ocorreu durante a crise prolongada da Grande Depressão. Isso tudo significa que nosso sucesso como um resort de férias alternativo foi resultado de uma crise econômica.)

Enquanto isso, guerras e rumores de guerras têm dizimado cidades e nações, agravando o nível "normal" de criminalidade e degradação humana através do globo. Em vídeos e fotografias, rostos de refugiados angustiados aparecem com tanta frequência, que a maior parte das pessoas já se habituou a vê-las. Antigamente, dificilmente falávamos em "terroristas"; hoje em dia, ouve-se o termo todos os dias da semana.

Completamente além de nosso controle, a vida humana também é ameaçada por forças da natureza. A cada minuto, algum tipo de fenômeno acontece em algum lugar do mundo: furacões, tufões, tornados, terremotos, deslizamentos de terra, tsunamis, secas, enchentes e fomes. A lista é infinita. As pessoas estão sempre em meio a algum tipo de crise.

Somos vulneráveis. Somos muito frágeis. Na medida em que as economias do mundo implodem, o medo explode. Medo pode ser definido como falta de confiança e é o próprio medo que alimenta a recessão. Quando consumidores perdem a confiança no sistema, eles deixam de participar dele. Deixam de comprar bens. A confiança do consumidor é vital para o sucesso das economias capitalistas nas quais a maioria de nós vive, pois tudo numa economia capitalista gira em torno da compra e venda. Quando compradores deixam de comprar, os vendedores se veem na situação de deixarem de vender. As receitas diminuem e consequentemente a riqueza diminui. No entanto, o medo não diminui. Ele cresce.

Crise não é uma palavra exagerada para aquilo que está acontecendo. Temos atravessado uma crise mundial; da mesma forma, a maioria de nós já está ou em breve estará passando por uma crise pessoal profunda. Muitas de nossas crises pessoais estarão ligadas a uma crise mais ampla. Se você possui um emprego, existe a possibilidade de perdê-lo. Se você possui seu próprio negócio, talvez se veja obrigado a recuar e encontrar novas estratégias que possibilitem sua sobrevivência nesta época difícil. Se você é pastor ou missionário, é possível que veja seus fundos decrescerem na medida em que pessoas não tenham mais condições de contribuírem financeiramente com seu ministério.

Além de tudo isso, com certeza você ainda terá de lidar com suas dificuldades habituais. Talvez tenha problemas de saúde ou conjugais. Às vezes, quando se acrescenta um desastre financeiro aos problemas que você já enfrentava, o fardo torna-se insuportável. Antes mesmo de perceber o que aconteceu, você se verá em uma crise profunda.

O propósito deste livro não é, em absoluto, amedrontá-lo. Também não desejamos anunciar as últimas notícias ou lamentar sobre o estado deplorável em que o mundo se encontra. O propósito deste livro é dar a você conselhos práticos. Não sou o criador desses conselhos. Sou apenas o mensageiro Daquele que possui respostas para cada catástrofe. Quando nem mesmo os especialistas sabem o que fazer, é hora de conectar-se com Alguém que é infinitamente mais sábio que todos os especialistas juntos. Quando você precisa vencer uma crise, é hora de olhar para o Vencedor.

Você precisa entender que *o Reino de Deus nunca se encontra em crise*. Permita que esta verdade penetre em sua mente. O Reino nunca está em crise porque o Rei é maior do que qualquer crise que jamais tenha ocorrido, ou que um dia ocorrerá ou que esteja ocorrendo neste exato momento. Ele sempre sabe o que fazer.

E Ele não apenas sabe o que fazer, mas também Se importa conosco, individual e corporativamente. Ele ama as pessoas; Deus jamais abandou Seu povo. Por isso, é essencial que você tenha certeza de que realmente é membro do povo Dele.

O objetivo deste livro é ajudá-lo a ter certeza de estar vivendo de acordo com os princípios do Senhor como um cidadão do Reino de Deus. O livro irá ajudá-lo a avaliar sua situação atual e o ensinará a viver a altura dos padrões justos de Deus, a fim de que você, da mesma forma, possa vencer todas as crises. Você poderá, então, ajudar a outros ao longo do caminho. Se você acredita ser cidadão do Reino dos Céus, certamente encontrará a saída para todas as crises.

Por favor, note que em nenhum momento eu lhe prometi uma vida livre de crises. Mas prometo a você uma saída, um modo de vencer cada crise, seja ela grande ou pequena. Ninguém está isento das crises, incluindo os cristãos. É certo que você *terá* crises. Jesus disse, "... No mundo, passais por aflições; mas tende bom ânimo; eu venci o mundo" (João 16:33).

Qual é a sua crise no momento? À medida que permitir a Ele que converta sua crise em uma oportunidade para crescimento e graça, você poderá trazer um pouco mais do Reino dos Céus a este mundo desiludido e cansado.

CAPÍTULO 1

Crise Global, Crise Pessoal

As sementes da fé estão sempre dentro de nós; às vezes, é necessário passar por uma crise para que elas sejam alimentadas e possam crescer.

—Susan Taylor

O que constitui uma "crise"? Que nível de severidade ela pode atingir? Que tipos de crises você já enfrentou em sua vida? Que tipo de crise você está enfrentando agora?

É verdade que o que pode parecer crise para uma pessoa pode não ser crise para outra. Entretanto, para todos nós, a crise é um evento sobre o qual não se possui controle. Crises são experiências que você não esperava e para as quais você não se preparou. Essas experiências chegam repentinamente e o enchem de ansiedade.

Suponhamos que a previsão metrológica informe que um furacão está prestes a atingir sua região. Aqui, nas Bahamas, sabemos que isso poderia ser muito sério. Sabemos que quando os furacões chegam, eles chegam com muita violência.

Em questão de minutos, todas as suas prioridades mudam. Se estava planejando visitar um amigo, você imediatamente muda seus planos. Se tem família, você busca certificar-se de que estejam todos seguros. Você faz tudo o que julga necessário para preparar-se para a tempestade antes que ela atinja sua cidade.

Ou suponha que o médico lhe diga, "Você só possui três semanas de vida... a menos que mude seus hábitos." Ele não está brincando. De repente, você se sente motivado a mudar. Esta é uma crise. Talvez você não consiga evitar todas as consequências de seus hábitos alimentares, ou do vício do cigarro, ou de qualquer outro problema, mas com certeza tentará endireitar sua vida. Você decidirá parar de comer pudim e salada de macarrão na mesma refeição e passará a comer legumes. Talvez você esteja tentando parar de fumar há cinquenta anos sem sucesso algum; agora, porém, conseguirá abandonar o vício da noite para o dia.

Uma crise sempre força uma situação. Você não pode controlar a crise que lhe sobreveio, mas pode começar a controlar alguns aspectos de seu dilema. Você pode avançar contra ela e mais tarde até se sentir grato pela crise, pois sem ela você não teria mudado (Um dos aspectos que *aprecio* sobre os furacões é que eles limpam tudo por onde passam. Um furacão passa entre todas as árvores podres, as construções mal feitas, e o lixo no meio do caminho – e cria uma verdadeira desordem. Mas cinco meses mais tarde, a desordem foi removida e você encontra uma paisagem limpa, novas flores e novas construções.

Efeitos da Crise

Jesus disse que sempre teríamos aflições (veja João 16:33). Viveremos uma crise após a outra enquanto vivermos, não importa o quanto façamos para nos proteger. Assim, é importante que saibamos como vencer não somente algumas circunstâncias, mas também - e especialmente - nossas reações emocionais diante das dificuldades. Se formos capazes de recobrar nosso equilíbrio emocional em meio a uma tempestade, com certeza conseguiremos a vitória. Porém, antes que possamos recobrar nosso equilíbrio emocional, é necessário que finquemos nossos pés em Deus – nossa Rocha e Fundamento.

Uma crise tem o potencial de produzir em nós algumas das seguintes reações (ou todas elas):

- Medo
- Trauma
- Depressão
- Desespero
- Frustração
- Ansiedade
- Solidão
- Preocupação
- Desânimo

Podemos ser consumidos pelos seguintes estados de espírito:

- Sentimento de abandono
- Sentimento de perda
- Sentimento de morte
- Desespero pela sobrevivência

Quando as pessoas vivem amedrontadas, sua tendência é reagir de forma impensada diante de uma crise; como resultado dessa reação, elas podem vir a estabelecer um ciclo de consequências negativas, como por exemplo:

- Abuso (físico, psicológico, verbal)
- Crime
- Violência Doméstica
- Dependência química

Tais reações levam as pessoas a crises ainda maiores. Você provavelmente sabe o que quero dizer por experiência própria.

Os Especialistas Não Podem Ajudar

Esta epidemia econômica chamada "recessão" pode estar gerando muitas de nossas crises pessoais – ou intensificando as crises que já possuíamos. Alguns comentaristas, no início da crise financeira de 2008, começaram a fazer uso de uma palavra ainda mais assustadora: *depressão*. Com frequência, uma depressão econômica pode levar a uma depressão pessoal. Uma crise é somada a outra.

Os sistemas dos reinos do mundo estão ruindo. O mundo está cheio de temor. Até mesmo os poderosos estão apreensivos. Os líderes não sabem o que fazer. Como disse o senhor Gordon Brown, primeiro ministro da Grã-Bretanha (especialista em economia), os líderes estão "experimentando" diferentes opções. Várias decisões têm sido baseadas em teorias mais do que na experiência. Não sabemos ainda se os experimentos darão certo. Ninguém jamais passou por uma situação de crise como esta antes.

O sistema econômico mundial está girando descontroladamente. Pessoas poderosas se veem completamente incapazes de deter a crise. Os problemas relativamente "tratáveis" que tínhamos até bem pouco tempo nos fazem pensar naqueles dias como "os bons velhos tempos". Agora já é tarde demais para voltarmos a eles.

O Jogo da Culpa

A tendência que prevalece nesses períodos é a de culpar alguém ou alguma coisa. "De quem é a culpa? Vamos já atrás deles!" Mas isso não adianta nada, não é mesmo? Não existe apenas uma pessoa ou um evento a que possamos culpar. Quando uma pessoa é demitida de seu emprego, sua vontade é culpar seu chefe ou a empresa. É normal que queiramos contra-atacar e responsabilizar alguém por nosso dilema. Mas quero dizer-lhe uma coisa: não gaste sua energia fazendo isso, especialmente hoje em dia. O mundo inteiro encontra-se em crise, e você é apenas um dos muitos que "caíram do cavalo".

O Congresso dos Estados Unidos perguntou a um porta-voz da Reserva Federal o que causara este caos. A resposta do porta-voz continha um termo bem bíblico: *ganância*. Ele explicou que quando as pessoas que ocupam posições de poder se tornam gananciosas, elas plantam sementes que determinarão o colapso do mesmo sistema econômico que elas pensam poder usar para seu proveito pessoal.

O que é ganância? Ganância é o mau gerenciamento de recursos com o fim de obter benefício pessoal, associado a um desprezo pelo bem-estar dos demais. A ganância acontece quando você deseja mais do que precisa à custa de todos a sua volta. Ganância é saber que preciso de apenas um travesseiro, mas mesmo assim desejo possuir dez. Ganância é saber que preciso de apenas um prato de comida de cada vez, mas desejo o restaurante inteiro.

Pessoas gananciosas não se importam com quem sai ferido em uma situação. Elas simplesmente perseguem o que querem e não se preocupam com os outros. Quando veem uma oportunidade de adquirir mais dinheiro, mais status ou mais prazeres, elas se lançam na corrida em busca de seus alvos egoístas, independentemente de quantas pessoas sejam atropeladas durante o processo.

Neste exato momento, nos Estados Unidos, milhares de pessoas estão perdendo suas casas. A execução de hipotecas tem retirado semanalmente cerca de 3.000 casas de famílias que geralmente não têm para onde ir. Algumas dessas famílias acabarão morando em seus carros. Enquanto escrevo este livro, estima-se que no final de 2009, mais de dois milhões de casas terão sido perdidas. Esta onda gigantesca de tristeza que atingiu a tantos foi causada por apenas um punhado de pessoas gananciosas.

A ganância anda de mãos dadas com a malícia, o engano, o roubo, a inveja, os maus pensamentos, a obscenidade, o adultério, a difamação, a arrogância, o homicídio, e todos os tipos de loucura (veja Marcos 7:21-22). A razão de estes males caminharem juntos é o fato de que todos eles se originam nos corações pecaminosos dos seres humanos. De muitas formas, cada um deles representa aspectos da ganância. O roubo é a ganância ou cobiça por coisas consideradas valiosas para o ladrão. A inveja e a difamação representam a ganância pela reputação. A obscenidade e o adultério são formas de ganância ou cobiça sexual. A arrogância e o homicídio manifestam ganância por poder e vingança.

Nesta parábola sobre o fazendeiro rico, porém tolo, Jesus nos admoesta a evitar a ganância:

> *Então lhes disse: "Cuidado! Fiquem de sobreaviso contra todo tipo de ganância;*
> *a vida de um homem não consiste na quantidade dos seus bens".*
> *Então lhes contou esta parábola: "A terra de certo homem rico produziu muito.*
> *Ele pensou consigo mesmo: 'O que vou fazer? Não tenho onde armazenar minha*
> *colheita'. "Então disse: 'Já sei o que vou fazer. Vou derrubar os meus celeiros e construir outros maiores, e ali guardarei toda a minha safra e todos os meus bens. E direi a mim mesmo: Você tem grande quantidade de bens, armazenados para muitos anos. Descanse, coma, beba e alegre-se'.*
> *"Contudo, Deus lhe disse: 'Insensato! Esta mesma noite a sua vida lhe será exigida. Então, quem ficará com o que você preparou?'*
> *"Assim acontece com quem guarda para si riquezas, mas não é rico para com Deus".*
>
> *Lucas 12:15-21*

Guarda o Teu Coração

Você pode dizer: "Tudo bem. Então agora podemos atribuir este caos econômico à ganância dos poderosos em posições de liderança. Mas que vantagem isso me traz enquanto eu estou aqui, na fila do desemprego?"

Uma coisa é certa: que isto lhe sirva de aviso. Não siga você também por esse caminho – o da ganância. Não deixe sua própria incerteza financeira levá-lo a fazer algo irrefletido e tolo. Não faça algo desonesto. Não ande pelo caminho do mundo. Não se preocupe consigo mesmo. Ao invés disso, coloque sua confiança em Deus e pergunte a Ele o que fazer. Ele saberá o que lhe dizer. Na verdade, Ele está apenas esperando que você pare de tentar resolver as coisas por você mesmo e que comece a prestar atenção nas direções Dele.

Se for atento, você conseguirá perceber quando Deus está tocando sua consciência. Ele o alertará quando seu coração começar a fermentar algum tipo de malícia, engano, roubo, inveja, maus pensamentos, obscenidade, adultério, difamação, arrogância, homicídio ou outros tipos de loucura.

Quando Jesus disse, "Cuidado!", Ele quis dizer que aquela situação poderia acontecer com você, especialmente se você nem souber que possui uma fraqueza na área da ganância. Imagine a seguinte situação. Você está a caminho do trabalho em seu carro usado. No caminho, passa por um carro novinho em folha. Você não precisa de um carro novo. Seu carro funciona bem, e está totalmente quitado. O que você diz a Deus? "Ah, tenho certeza de que Deus vai me abençoar com um carro novo." O que o faz achar que ter um carro novo seria uma bênção? Você não precisa de um carro novo. Para comprar um carro novo, precisará contrair uma dívida. Você chama isso de bênção? Deus chama isso de dívida. O carro que você possui é suficientemente bom para você. Na próxima vez que sair com seu carro, lembre-se do conselho de Jesus: "Cuidado! Esteja alerta contra todos os tipos de ganância; a vida de uma pessoa não pode ser definida pela abundância de seus bens."

Nunca me esquecerei do dia em que fui visitar o finado John Templeton, dono de uma casa nas Bahamas em uma linda região onde somente os mais abastados vivem. Quando entrei em seu escritório, ele me cumprimentou com um sorriso, e depois me beijou. Vi, diante de mim, este homem, já em idade avançada, vestido em um short surrado e um tênis cheio de furos. Ele vestia uma jaqueta esfarrapada devido ao uso excessivo. Ali estava um dos homens mais ricos do mundo, vestido dessa forma. O senhor Templeton, da Fundação Templeton que vale bilhões de dólares, fez um curto passeio comigo por seu pequeno escritório. Aquele escritório era tão pequeno, que mal consegui achar um lugar para me sentar enquanto conversávamos.

Esse mesmo homem dava, anualmente, mais de um milhão de dólares a pessoas que de alguma forma excepcional haviam contribuído para a promoção do conhecimento de Deus no mundo. O Prêmio Templeton já havia sido dado a indivíduos como Madre Teresa, Billy Graham, Aleksandr Solzhenitsyn, Chuck Colson e Bill Bright. Mas o senhor Templeton parecia não se encaixar naquele papel. Suas roupas estavam gastas, e seu escritório não era maior do que o quartinho de depósito de outros escritórios. Pensei comigo mesmo, *"Se esse homem fosse um cidadão das Bahamas, ele estaria usando sapatos de couro de cobra, um cinto de jacaré e uma camisa de tigre."* Mas creio que ele mantinha suas prioridades de forma correta. Creio que ele levou a sério as palavras de Jesus: "Dêem, e lhes será dado..." (Lc 6:38).

A Crise Promove o Desenvolvimento

Infelizmente, de forma geral, as pessoas permitem que a ganância governe suas decisões. Elas não analisam o que estão fazendo. Mais adiante, em suas vidas, suas decisões avarentas resultarão numa crise. Em meio a uma crise, não somente outras pessoas saem feridas; frequentemente, os gananciosos perdem também.

Quando as coisas chegam ao ponto de crise, há somente uma saída, e só podemos encontrá-la através de algum tipo de mudança ou alteração. Com certeza, você não pode continuar indo pelo mesmo caminho. Provavelmente, você nem possui mais os recursos que possuía antes. Tempos de crise geralmente revelam quão bem ou quão mal temos gerido nossos recursos. É na crise que você se vê forçado a mudar de vida, desejavelmente adotando um estilo de vida melhor. Este é o consolo que a crise traz: a oportunidade de mudar pra melhor.

A crise sempre promove desenvolvimento. Ela cria uma oportunidade para a criatividade e provê uma motivação poderosa para mudar. Você se vê na situação de inventar novas maneiras de lidar com problemas antigos. Se for um líder nacional, estará na posição de colaborar com outros no sentido de desenvolver um novo sistema econômico. Se você for uma pessoa comum, com qualificações profissionais comuns, deverá começar do zero com algumas ideias novas. Você precisará deixar de lado suas lamentações sobre o passado, bem como sua tendência de ficar irado e culpar alguém pela situação difícil em que se encontra. É *imprescindível que você faça isso*. Se realmente deseja prosperar, e não apenas sobreviver, você deverá fazer algo novo.

Aqui nas Bahamas, o fato da maior parte de nossa economia nacional depender do turismo nos força a diversificar. Isso não significa que "outras pessoas tenham que diversificar". Significa que muitos de *nós* devemos diversificar. Esta crise econômica tem agitado as bases daquilo que julgávamos ser tradicionalmente seguro. É preciso que você olhe em volta e descubra que tipos de necessidades não vêm sendo supridas na sociedade. Você é capaz de iniciar um negócio que possa suprir tais necessidades? Nossos oceanos estão repletos de frutos do mar. Se nenhum morador local das Bahamas se dispuser a fazer melhor uso de toda essa abundância, algum empreendedor chinês em breve tirará proveito disso.

Isto também vale para qualquer outra nação. A capacidade de encontrar novos caminhos e desenvolver novos produtos e serviços é imperativa em meio à crise.

Que tipos de recursos você já possui? Você possui um carro? Uma casa? Um computador? Pense em alguma forma não somente de se manter, mas de fazê-lo sem que outros sejam prejudicados. Com certeza, você conseguirá encontrar uma forma de trabalhar honestamente e suprir sua família, sem que para isso precise ser avarento ou desumano.

Certamente, você ouvirá com frequência pessoas dizerem que a palavra para *crise* nos idiomas japonês e chinês é a mesma usada para expressar *oportunidade*. Existe uma verdade profunda por trás disso. Provavelmente você nunca pensaria que as duas palavras pudessem ter algo em comum até que percebesse que a derrota aparente inerente a todas as crises contém a chave para uma vitória inesperada. Quando a bomba atômica foi lançada em Hiroshima no final da Segunda Guerra Mundial, a cidade foi dizimada. Estima-se que mais de cem mil pessoas tenham sido mortas. Os prédios foram arrasados e o solo contaminado. No entanto, os japoneses aceitaram a ajuda dos que lhes ofereceram socorro, e trabalharam dia e noite para reconstruírem sua cidade e seu país. Os fatos que se seguiram são conhecidos. Hoje o Japão é líder mundial em inúmeras categorias: carros, produtos eletrônicos, e muito mais.

Se você tiver este tipo de disposição mental, toda tragédia ganhará uma nova perspectiva. Sua crise se transformará em sua melhor oportunidade. Se sua casa for incendiada, não se desespere. Ao invés disso, assim que puder, use a oportunidade para construir uma casa nova e melhor. Se for demitido de seu emprego, você encontrará um superior a ele, ou criará um emprego melhor para si mesmo ao abrir seu próprio negócio. Sua oportunidade está em sua crise.

Se chamar a crise de *oportunidade*, ao invés de sucumbir sob o fardo natural das palavras *crise, tragédia* ou *desastre*, você poderá começar a tirar vantagens de sua situação. Pare de pensar em si mesmo como alguém que perdeu um emprego e encare este tempo como a primeira vez em que você foi liberto de um emprego. Agora você está livre para fazer algo novo!

O resto do mundo com certeza continuará a tropeçar em todos os resultados típicos de uma crise: medo, trauma, depressão, desespero, frustração, ansiedade, solidão, preocupação, desânimo, sentimento de abandono, sentimento de perda, sentimento de morte, desespero pela sobrevivência, abusos, crimes, violência doméstica, e dependência química.

Mas com você será diferente, porque você não vive sob o sistema do mundo. Você estará em contato constante com pessoas ansiosas e amedrontadas. Ouvirá pessoas reclamarem de sua solidão, como se fossem as únicas pessoas a passarem por problemas tão sérios. Elas se tornarão mais e mais desesperadas, enquanto você e todas as outras pessoas que vivem do modo de Deus estarão bem ocupadas, escalando a montanha de seus problemas para de lá de cima terem uma visão mais ampla do mundo que as cerca. Quando estiver acima de seus problemas, você conseguirá enxergar muito mais adiante do que podia até então. O ar é melhor no topo da montanha. A Bíblia diz que você não deve estar ansioso por nada; ao invés disso, deve orar, incessantemente, em todas as circunstâncias:

> *Não andem ansiosos por coisa alguma, mas em tudo, pela oração e súplicas, e com ação de graças, apresentem seus pedidos a Deus.*
> *E a paz de Deus, que excede todo o entendimento, guardará o coração e a mente de vocês em Cristo Jesus.*
>
> *Filipenses 4:6, 7*

Ao invés de preocupar-se, alegre-se. "Alegrem-se sempre no Senhor. Novamente direi: Alegrem-se!" (Fp 4:4) Aquele que começou uma boa obra em você, vai completá-la (Fp 1:6). Você não precisa esperar pelo Céu. Sua situação de tribulação atual é apenas um teste. Posso prometer-lhe que existe uma vida abundante após o teste, e ela acontece bem aqui, na terra.

Testado e Aprovado

Deus nos deu uma base (Ele Mesmo, Sua Palavra), e se incumbirá de sempre providenciar uma estratégia, se você pedir a Ele. Inevitavelmente, sua situação de crise o moverá à súplica. Você se voltará para Deus a fim de receber o sustento que precisa. Você aprenderá que Ele deseja suprilo com bem mais do que um simples momento de alívio da sua dificuldade, ainda que esse momento seja altamente desejável. Deus quer supri-lo com as riquezas do Reino em sabedoria, paz e fé.

Mais uma vez quero lembrá-lo que os cidadãos do Reino não estão imunes à crise. É importante que você mantenha isso em mente. O fato de viver no Reino de Deus não o isola de eventos inesperados e incontroláveis. Quando uma tempestade vem, ela vem sobre todos. Os furacões não se desviam das casas dos crentes mirando apenas as casas dos descrentes.

Jesus deixou isso claro quando falou sobre construirmos nossa casa sobre o firme fundamento da Sua Palavra:

> *"Portanto, quem ouve estas minhas palavras e as pratica é como um homem prudente que construiu a sua casa sobre a rocha. Caiu a chuva, transbordaram os rios, sopraram os ventos e deram contra aquela casa, e ela não caiu, porque tinha seus alicerces na rocha.*
>
> *Mas quem ouve estas minhas palavras e não as pratica é como um insensato que construiu a sua casa sobre a areia. Caiu a chuva, transbordaram os rios, sopraram os ventos e deram contra aquela casa, e ela caiu. E foi grande a sua queda".*
>
> *Mateus 7:24-27*

A violência da tempestade atingiu ambas as casas. Aquela que fora edificada sobre a rocha foi atingida com a mesma violência que a casa que fora construída sobre a areia. Ventos poderosíssimos desabaram ondas enormes de chuva torrencial e as águas crescentes da enxurrada ameaçavam destruir completamente as duas casas. A crise afetou a todos.

A diferença está na forma como cada uma das casas resistiu. Aquela que estava edificada sobre uma base sólida foi capaz de enfrentar os ventos e a chuva. A outra desmoronou. Jesus quer que saibamos que *a sobrevivência depende da nossa base de conhecimento.*

Lembre-se, Ele disse que todo aquele que ouve as Suas Palavras e as pratica será como um homem que construiu sua casa sobre uma rocha que não pode ser movida. Por outro lado, aquele que não pratica Suas palavras é como o tolo que constrói sua casa na praia ou sobre uma duna de areia. Se você não constrói sobre a o fundamento correto, certamente terá problemas.

A tempestade é o teste. Ela é uma crise, e as crises com certeza ocorrerão. Mas a tempestade não é o verdadeiro problema. O problema é a diferença entre como as casas respondem à tempestade, e isso depende da forma como foram construídas.

É inútil tentar remediar o problema quando se está em meio à crise. Mas você pode sempre aprender alguma lição e se sair melhor na próxima vez. Junte todos os pedaços que sobraram após a tempestade e consulte ao Mestre Construtor antes de começar a reconstruir. Deus quer que você aprenda a obedecê-lo em tudo. Sua vida depende disso.

Do Palácio à Prisão

É perfeitamente possível decidirmos o quão obedientes a Deus queremos ser. E da mesma forma que crescemos continuamente ao longo da vida, também podemos crescer em nossa obediência. Ainda que você seja lançado na cela mais profunda como aconteceu com José, poderá se reerguer ao final. Falaremos mais sobre José no próximo capítulo, mas quero convidá-lo agora a observar como ele construiu para si uma base forte.

A história de José é muito familiar para nós e pode nos dar um bom exemplo de como viver (A história é encontrada nos capítulos 37 e 39-47 do livro de Gênesis). Desde muito cedo, José era inteiramente dedicado a Deus. Isto não significa que ele tenha sido poupado de uma vida com problemas. Ele teve que enfrentar crise após crise. Realmente, não parece justo, mas a impressão que se tem é que José enfrentou mais situações de crise do que a maioria das pessoas.

Seus invejosos irmãos mais velhos o lançaram em um poço fundo com a intenção de matá-lo. Ele se livrou do poço, mas em troca foi vendido como escravo aos midianitas. A escravidão é melhor do que a morte, creio eu, mas nem tanto. Especialmente se levarmos em conta que José estava habituado a ser o filho caçula, mimado e favorito de uma família rica.

Os midianitas levaram José ao Egito, onde, ao menos por um tempo, a vida do jovem rapaz pareceu melhorar. Agora, em lugar de ser um filho predileto, ele era o escravo predileto na casa do capitão da guarda, Potifar. José soube se conduzir com integridade. Sua conduta demonstra que a vida dele estava edificada solidamente sobre sua firme base original.

Entretanto, a integridade de José não o isentou da próxima crise. Aliás, foi sua própria integridade que a gerou. Ele resistiu aos avanços sedutores da esposa de Potifar, ela o acusou falsamente e Potifar ordenou que ele fosse lançado na prisão. As prisões egípcias eram lugares medonhos. O que José fez? Ele perdeu seu tempo culpando a outras pessoas ou a Deus por suas dificuldades? Ele se sentou lá, no escuro, e ficou planejando algum tipo de vingança?

Não. Mais uma vez, naquela prisão, José provou seu valor. Ele viu necessidades a sua volta e se esforçou para supri-las. Ele não tinha medo de trabalho duro, e tentou fazer da prisão um lugar melhor. Não muito tempo depois disso, José passou a auxiliar o responsável pela prisão a administrar o lugar.

Enquanto estava na prisão, José conheceu o padeiro e o copeiro do Faraó, para quem interpretou sonhos. Eventualmente, seu dom de interpretação de sonhos resultou em sua libertação, quando o Faraó teve um sonho perturbador e necessitou que alguém o interpretasse para ele.

Nesse ponto, um traço em particular da história de José me salta aos olhos. Ele havia sido trazido diante de Faraó e estava interpretando o sonho do rei, passo a passo. O sonho previa que haveria sete anos de boas colheitas seguidos de sete anos de seca e fome. José disse a Faraó, "O sonho veio ao faraó duas vezes porque a questão já foi decidida por Deus, que se apressa em realizá-la" (Gn 41:32).

Deus havia demonstrado a Faraó, de duas formas, que a fome estava por vir. Deus fez isso para ressaltar o fato de que “a questão já foi decidida por Deus, que se apressa em realizá-la.” Com certeza, haveria uma crise. Não adiantaria orar para que a crise fosse embora. A crise não iria poupar o Egito. Uma crise de igual oportunidade estava prestes a atingir a todos e o aviso de Deus havia sido enviado para que o líder do país tivesse tempo para preparar-se para ela.

Da Prisão ao Palácio

O Egito possuía uma economia agrícola, por isso, um período de fome representava uma crise econômica da maior magnitude. Hoje em dia, os Estados Unidos e o restante do mundo ocidental possuem economias industriais e tecnológicas, e as pessoas tendem a depositar sua confiança no dinheiro. Mas sem nenhum aviso prévio, os ativos financeiros se desvalorizaram e o suprimento de dinheiro acessível se tornou escasso. Poderíamos dizer que o que vivemos hoje é uma fome ou seca de dinheiro.

A maioria de nós não ocupa um posto de autoridade governamental como Faraó, mas podemos interpretar os sinais dos tempos. Seja qual for o lugar onde você more e qualquer que seja sua posição em termos seculares, não perca seu tempo orando para que esta crise desapareça repentinamente, porque isso simplesmente não acontecerá. O jejum e a oração não serão capazes de fazer a crise passar. A situação foi firmemente estabelecida por Deus.

Deus está plenamente consciente da confusão econômica global. Ele provavelmente orquestrou tudo apenas para relembrar aos capitalistas de que eles também não podem levar vantagem em nada. Não culpe o diabo, ainda que ele esteja envolvido na situação. Deus provavelmente decidiu enviar esta crise para que as pessoas perdessem sua fé em seu falso deus chamado Dinheiro. Quando o dinheiro é o seu deus e o seu dinheiro se desvaloriza, o seu deus também se desvaloriza. É aí que o verdadeiro Deus pode reassumir o trono nos corações de muitas pessoas.

Repentinamente, José se viu mais uma vez em uma posição de autoridade no Egito, administrando as medidas provisórias que a fome demandava. Deus orquestrou aquilo. José disse, "Escute, tome os anos de fartura e invista-os, estocando-os para os anos de escassez." Ele conseguiu gerir a crise com a ajuda e a sabedoria de Deus. A sabedoria de José, bem como seu esforço árduo não somente possibilitaram que o povo do Egito sobrevivesse à fome, mas também significaram uma provisão divina para a sobrevivência de sua própria família.

Da mesma forma, na medida em que permanecermos obedientes a Deus, nos tornaremos capazes de resistir em meio à atual fome financeira (ou recessão), bem como em todas as suas ramificações em nossas vidas pessoais. Esta crise não é um erro.

Está na Bíblia

Cada coisa que acontece em sua vida se encaixa perfeitamente com a Palavra de Deus. Jesus disse, "Eu lhes disse essas coisas para que em mim vocês tenham paz. Neste mundo vocês terão aflições; contudo, tenham ânimo! Eu venci o mundo" (Jo 16:33). Ele estava se referindo aos nossos problemas atuais. Ele promete que você pode usufruir da paz

Dele em meio a qualquer tempestade. Jesus quer encorajá-lo a deixar que Ele o ajude a vencer cada crise, desde as dificuldades e tribulações pessoais do dia-a-dia até as calamidades em nível mundial. Ele quer lembrá-lo de que é muito maior e mais poderoso que qualquer crise. Ele diz que você pode, sim, vencer sua crise, se você andar pelo caminho Dele e se usar sua fé para depender do Seu poder.

Procure em sua Bíblia 1 João 5:4 e leia este texto com um entendimento renovado: "O que é nascido de Deus vence o mundo; e esta é a vitória que vence o mundo: a nossa fé." Quem são os que vencem as crises implacáveis do mundo? São somente aqueles que creem que Jesus é o Filho de Deus e somente aqueles que creem naquilo que Ele nos disse.

Fé é crer, em meio a trevas, naquilo que Ele disse na luz. Ele disse que é o Filho de Deus e que Ele é o nosso – meu e seu - Salvador. Ele disse que tem para você muito mais do que sabedoria e poder adequados para suprir qualquer emergência. Ele não nega a seriedade da situação. Ele não diz que vai tirá-lo do mundo em que vive, permitindo que você escape de toda a sua agonia. No entanto, Ele faz promessas legítimas, e sempre as cumprirá.

Quando eu era adolescente, li um trecho da Bíblia que me chocou: "O (amor do) Senhor é longânimo..." (Nm 14:18, Almeida RA, inserção do autor) Note que o texto não diz que o amor de Deus é "longânimo para sempre". O ânimo pode ser longo, mas não é eterno. Quando o ânimo se extingue, algo precisa ser mudado. Pode ser que seja você, ou as suas circunstâncias, ou ambos. Seu sofrimento existe apenas por um período de tempo, ainda que seja um período longo. Com a graça de Jesus, você conseguirá atravessar esta crise – e a próxima que virá após esta. Porque o seu Senhor é um Vencedor, você também se tornará um vencedor.

Lembre-se, o Reino dos Céus nunca entra em crise. Nossa vida aqui na terra consiste em crise após crise, mas nosso fundamento está no Céu.

CAPÍTULO 2

O Que É Necessário Para Vencer a Crise?

Realmente creio que toda crise é uma oportunidade para tornar sua vida extraordinária em algum aspecto.

—Martha Beck

Pessoas religiosas estão sempre à procura de milagres. Quando a crise chega, elas querem que Deus cuide delas, sem que isso lhes custe qualquer sacrifício. As pessoas têm preguiça, e por esta razão querem encontrar um suprimento mágico e o alívio imediato para seus problemas. Muitos tratam Deus como Papai Noel – ou como algo pior, porque até mesmo o Papai Noel diz que a condição para receber presentes dele é ser uma criança bem comportada. Pessoas religiosas tratam Deus como o Gênio da Lâmpada. Você esfrega a lâmpada em nome de Jesus três vezes, Ele aparece e lhe concede seus desejos.

As pessoas do Reino de Deus não são religiosas; elas são diferentes. As pessoas do Reino compreendem como o princípio da autoridade funciona e possuem um relacionamento diário com o Rei. Por isso, elas detêm as chaves para superar cada crise que Deus permite que enfrentem para que sejam testadas.

Como pastor e mestre do Reino, meu papel é mostrar-lhe as chaves do Reino e ajudá-lo a usá-las. Posso ajudá-lo a encontrar todas as chaves do Reino na Palavra de Deus. As chaves do Reino são as verdades fundamentais pelas quais você precisa viver, se deseja construir sua casa sobre um fundamento que seja firme o suficiente para resistir a todas as tempestades e crises.

O que faria se fosse trabalhar amanhã, normalmente, e seu chefe lhe dissesse que você está demitido? E se seu cônjuge optasse pelo divórcio? E se você descobrisse que tem câncer? Com as chaves do Reino em suas mãos, você estará pronto para enfrentar qualquer situação.

"Eu Lhe Darei as Chaves do Reino"

Jesus disse, "Eu lhe darei as chaves do Reino dos céus..." (Mt 16:19). Ele prometeu nos dar as chaves que farão com que seja possível não somente sobrevivermos, mas também prosperarmos.

Chaves são objetos que permitem acesso a alguma coisa. Se eu lhe der uma chave da minha casa, estarei dando a você acesso a ela. Na verdade, juntamente com a chave, estarei lhe concedendo certa autoridade e controle sobre minha casa. Você poderá entrar no momento que quiser, de dia ou de noite, esteja eu em casa ou não.

Note que Jesus disse, "Eu lhe darei as chaves", não "uma chave". Ele nos dará mais do que uma chave porque deseja que tenhamos mais do que um tipo de acesso ao Seu Reino. O Reino dos Céus opera com mais de um princípio e há várias formas de desbloquear seu poder.

Imediatamente após Jesus ter prometido nos dar as chaves do Reino, Ele prosseguiu dizendo: "...o que você ligar na terra terá sido ligado nos céus, e o que você desligar na terra terá sido desligado nos céus" (Mt 16:19). Em outras palavras, você tem autoridade para liberar ou prender coisas na terra e no Céu. Tudo o que você liberar na terra, o Céu terá que liberar, e tudo o que você prender (ou bloquear) na terra, o Céu prenderá para você também.

Você tem autoridade para afetar decisões. Quando os sistemas na terra não funcionam, bancos estão em dificuldade e ruindo, pessoas estão perdendo suas casas e empresas estão sendo fechadas, é hora de tomar posse de algumas chaves diferentes para desbloquear a provisão de Deus.

Jesus também disse aos Seus discípulos: "A vocês foi dado o mistério do Reino de Deus, mas aos que estão fora tudo é dito por parábolas" (Mc 4:11). As chaves do Reino são mistérios para aqueles que não creem. Você vive em meio a um mundo que está confuso, amedrontado e frenético. Deus entregou a você chaves que Ele não entregou a pessoas que não o seguem. Ele lhe contou segredos que para outras pessoas não passarão de parábolas sem sentido.

Isto significa que você possui informações que seu vizinho não possui. Quando a tempestade chega, seu vizinho sucumbe sob o medo, enquanto você se mantém erguido e caminhando em fé. Ele cai em depressão, enquanto você celebra. Ambos podem ter perdido os mesmos bens materiais, mas enquanto ele diz, "Ai, ai, ai. Eu *nunca* vou me recuperar", você diz, "Eu sei que tudo vai dar certo." Quando ele diz: "Estou enfurecido com esta situação", você diz, "Deus permitiu isso e Ele sabe o que está fazendo."

Vocês dois moram na mesma rua, mas suas reações são muito diferentes. Vocês dois estão no meio da mesma crise, mas você não é como seu vizinho. Qual é a diferença entre vocês? A diferença é uma medida de informação básica que você possui. Você possui as chaves; você tem meios de abrir as portas que seu vizinho só consegue esmurrar com frustração.

Davi escreveu sobre isto nos Salmos. "Mil poderão cair ao seu lado, dez mil à sua direita, mas nada o atingirá" (Sl 91:7). Isso não pode acontecer a menos que você esteja em meio a uma batalha ferrenha. É impossível experimentar esse tipo de proteção a menos que você esteja no meio de uma clara ameaça contra sua sobrevivência. Essa é uma situação de crise. Davi está dizendo que embora você não seja poupado da crise, e tenha que enfrentá-la como qualquer outra pessoa, a forma como você será afetado pela crise será diferente. E isso é resultado da posição que você ocupa no Reino.

Quando você e seu vizinho souberem que perderam seus empregos, você terá uma atitude mental distinta da dele. Você não entrará em depressão, ou questionará a decisão de Deus de permitir que isso acontecesse com você. Ao contrário, você olhará em volta e perceberá que ainda está em pé, mesmo com mil tombados de um lado e dez mil, do outro – e exatamente por esta razão, você se regozijará.

Você não terá ciúmes das pessoas que ainda estão empregadas porque entenderá que a fonte de sua segurança não pode ser encontrada em emprego algum. Sua segurança só pode ser encontrada em sua identidade como filho do seu Pai Celestial. Se você pertence a Ele, sua posição no Reino está assegurada e não poderá ser abalada. Quando a crise acontecer a sua volta, você simplesmente porá a mão no bolso e pegará suas chaves!

Chave do Reino Número Um

Qual é a aparência das chaves do Reino? Qual é a chave certa que você deve usar a fim de superar a próxima crise?

A chave primária – a principal – do Reino dos Céus é esta: *gestão* ou *administração*. Chamo a esta chave de "a chave da administração".

A razão de nos encontrarmos em dificuldade é a má administração de nossos bens feita segundo princípios de ganância.

A única forma de sairmos dessa dificuldade é aplicar uma *gestão* justa e sábia, segundo Deus.

O que é gestão ou administração? Eis a minha definição: gestão é o uso eficaz e eficiente, correto e oportuno da propriedade e de recursos alheios para o propósito para o qual eles foram delegados, com vistas a produzir um valor de acréscimo esperado.

Leia isso novamente, lenta e cuidadosamente. Note as palavras individualmente: *eficaz, eficiente, correto, oportuno, delegado, valor.* É preciso que você reconheça o fato de que na vida está sempre administrando a propriedade de outra pessoa, não a sua própria. Você, em realidade, não é dono de coisa alguma. Você não é proprietário da terra, nem de coisa alguma que exista na terra. Você não é dono de seu emprego atual, ou da empresa que diz ser sua. Seu nome talvez esteja na empresa, mas ela pode acabar em questão de horas. Faca você isso bem ou não, sua tarefa é apenas administrá-la.

Todo ser humano é chamado a ser um administrador - cada um de nós. Assim que o Senhor terminou de fazer a terra e enchê-la de recursos, Ele precisou fazer um administrador que pudesse tomar conta de tudo. Ele concedeu domínio a homens e mulheres sobre todos os recursos da terra (Note, entretanto, que eles não receberam domínio um sobre o outro. Deus ainda estava no controle sobre as pessoas que Ele havia criado). Deus deu a Adão e Eva domínio sobre os peixes, os pássaros, as plantas, e os animais. Deus disse a Adão e Eva que eles eram livres para comer de todos os frutos da terra. Tudo o que precisavam fazer era administrar o Jardim. Deus lhes disse que as árvores, os animais, a água, o ouro, a resina, o ônix, e outros recursos eram todos bons (Veja Gênesis 2:12). Deus fez a coisa toda de forma que Adão e Eva pudessem apreciar sua tarefa de administrar todas as coisas boas que Deus havia criado.

O Salmo 115:16 diz, "Os mais altos céus pertencem ao Senhor, mas a terra ele a confiou ao homem." A terra é o território legal dos seres humanos. Ele quer que nós assumamos responsabilidade sobre os frutos do planeta. O alvo divino de Deus era estender a cultura do Reino dos Céus por toda a terra.

A cultura dos Céus é uma cultura de abundância – mas apenas quando ela é administrada de forma correta. É verdade que Deus criou os seres humanos com o objetivo de adorá-lo, mas Ele já possuía uma quantidade enorme de adoradores no Céu; portanto, Ele não criou os humanos a fim de obter mais adoração. O Céu sempre esteve pleno de adoradores. Quando Deus focou Sua atenção em encher a terra de coisas boas, Ele decidiu criar pessoas com Sua própria imagem que pudessem administrá-la.

E é exatamente pelo fato de Deus ter feito de nós administradores desde o princípio, quando criou Adão e Eva e os colocou no Jardim do Éden, que a gestão (às vezes também chamada de *mordomia*) é o primeiro alvo da raça humana, quer as pessoas saibam disso ou não. Prosperamos sempre que seguimos o Plano Mestre. E, exatamente como Adão e Eva, quando não administramos bem saímos perdendo. Embora a existência do mandato de administração de Deus não seja, de forma alguma, afetado pela forma boa ou ruim como administramos, a expressão do Reino de Deus sobre a terra certamente sofre com as ações do homem.

Administrando Recursos

Sejamos bem claros: quando você chega atrasado ao trabalho constantemente, corre o risco de perder seu emprego. Quando você continuamente come alimentos gordurosos, tem grandes chances de perder sua saúde. Quando você deixa de cultivar suas amizades, elas podem vir a morrer. Se você não dá afeição e respeito ao seu cônjuge diariamente, seu casamento desmorona. Seja lá o que for que você não administre bem, começará a sofrer perdas. Porém, tudo o que você administrar apropriadamente estará protegido.

A boa gestão aplica recursos da maneira mais *eficaz, eficiente e benéfica*. Bons administradores não desperdiçam recursos, nem os empregam em propósitos errados. Bons administradores também não entesouram recursos. Acumular recursos não é, em absoluto, administrá-los. Assim, quando você ganha dez reais, não deve acumulá-los ou gastá-los completamente em seus próprios caprichos. Em primeiro lugar, você separa um real e o devolve a Deus. Então, você pergunta a Deus o que deve fazer com os nove reais restantes. É assim que você deve *administrar* seu dinheiro.

A administração adequada é o *uso correto* de alguma coisa. Usar algo corretamente implica em usá-lo com integridade. Você não deve fazer uso de algo com fins desonestos. Se não tem permissão para usar a copiadora no trabalho, então você não a usará para fazer cópias de documentos pessoais. Você não pegará nem mesmo um clipe de papel de seu trabalho. Os clipes de papel que você tem a sua disposição no trabalho não lhe foram dados para seu uso pessoal. Eles são propriedade de outra pessoa. Sei que clipes são objetos bem pequenos e que seu chefe não notará a falta deles, mas se você estiver administrando seu trabalho adequadamente, não levará nem os clipes de papel para sua casa. Quando você colocar em seu bolso o primeiro clipe de papel e não for alertado de alguma forma pela sua consciência, estará dando o primeiro e pequeno passo para levar um lápis, ou um grampeador, ou um laptop na próxima vez. O princípio é honestidade, e isso é mais importante do que um clipe de papel.

A administração adequada é o *uso oportuno* da propriedade alheia (Lembre-se que nem mesmo seus próprios bens lhe pertencem inteiramente). Isso significa que você deve se organizar. Se o país está imerso em incerteza financeira, você deve decidir adiar a reforma da sua casa, ou decidir mudar seus planos de férias. A menos que você já more no Havaí, não deve optar por comprar uma passagem para Maui nesta época. Em outras palavras, você deve recuar. Você deve reavaliar, reorganizar-se e tentar compreender quais são os seus recursos atuais. Só então você poderá prosseguir, usando os recursos que possui de forma sábia e organizada, baseado em sua observação e naquilo que o Espírito de Deus o move a fazer.

Deus Pode Confiar Mais a Você?

Disciplina é a chave para a boa administração. Você não consegue ser eficaz, eficiente, correto e benéfico para com os outros, a menos que invista um esforço consistente para isso. Deus lhe dará a graça de viver uma vida disciplinada, se você pedir.

Se você administrar bem seus recursos, Deus confiará mais em suas mãos. Jesus disse:

> *"Quem é fiel no pouco, também é fiel no muito, e quem é desonesto no pouco, também é desonesto no muito. Assim, se vocês não forem dignos de confiança em lidar com as riquezas deste mundo ímpio, quem lhes confiará as verdadeiras riquezas? E se vocês não forem dignos de confiança em relação ao que é dos outros, quem lhes dará o que é de vocês?*
>
> *Lucas 16:10-12*

Deus optará por lhe dar preferencialmente aquilo que você consegue *administrar,* mais do que aquilo pelo que você *ora.* Chamo isso de "administração da oração". Você ora pedindo que Deus lhe conceda um emprego. Deus diz, "Muito bem, mas em seu último emprego você chegava atrasado todos os dias, tirava duas horas de almoço e ia embora às 16:55, ao invés de 17:30, e você mentia, dizendo que estava doente." Você pode mesmo administrar um novo emprego? Tenho minhas dúvidas.

Você ora por uma casa nova. Deus lhe diz: "E a casa que você já tem? Você a mantém em dia? Eu sei que você a aluga e ela não é propriedade sua, mas você nem a mantém limpa."

Você ora por um carro novo. Deus diz: "Espere um minuto. Eu percebi que você não consegue nem manter sua bicicleta em ordem." Em outras palavras, se não está administrando nem o que possui agora, como pode esperar que Deus lhe dê algo maior ainda para que você administre mal?

Diligência é outra chave para a boa administração. Diligência também implica em esforço compatível. Tendo disciplina e diligência, você pode tornar-se eficaz, eficiente, correto e pontual. Em minha casa, costumo dizer a minha esposa e filhos: "É impossível chegar adiantado quando se sai de casa atrasado." Se o culto na igreja começa às 9:30, não saia de casa *às* 9:30, se apressando para chegar na hora. Já é tarde demais. Esse é um problema de má administração – a má administração do tempo.

Governo, Não Propriedade

Um dia, quando estava observando a palavra "administração" em sua forma em inglês "*management*", notei algo interessante. Notei que a palavra começa com as letras *m-a-n*, formando a palavra "homem" em inglês. E verdadeiramente, a administração começa com o homem. Deus deu à humanidade o papel da administração. Mas como indiquei anteriormente, Deus nos deu o governo, não a propriedade. Ele criou tudo, e Ele possui tudo. Mas Ele delegou a administração de Sua criação à raça humana, e Ele nos chama à responsabilidade.

Você deverá prestar contas a Deus do que fez com o dinheiro Dele, bem como com Seu tempo, Seus dons, Seus talentos, Seus recursos, a casa que Ele lhe deu, o apartamento que Ele lhe capacitou a alugar, o carro que você está usando atualmente, e tudo o mais. Nada disso lhe pertence. Embora você não possa, como administrador, alegar a propriedade de nada, ainda assim com a prestação de contas vem também a sua responsabilidade de administrar bem.

Não alegue ser dono de nada. Você se lembra daquele homem rico na Bíblia, que se gabava do quanto seu trabalho árduo o havia enriquecido, e que decidiu construir celeiros maiores a fim de armazenar suas riquezas? (Veja Lucas 12:16-29.) Deus o levou naquela mesma noite. Ele não teve nem tempo de usufruir o que havia guardado. Ele deveria ter percebido que toda aquela abundância de provisões havia sido emprestada a ele, por assim dizer. Ele tinha a obrigação de cuidar daquela riqueza e de ser generoso através dela, ao invés de armazená-la e gabar-se de que não mais precisaria trabalhar arduamente.

Pronto Para Qualquer Coisa

Uma administração eficaz é fundamental. É o que determinará a proporção de seus recursos. Se você for um bom administrador, e obedecer aos princípios de Deus, não importa o tipo de crise que venha a enfrentar; você estará pronto. Você será capaz de resistir a qualquer crise, ainda que parte dos recursos se perca. Você terá uma poupança que o sustente no caso de perder seu emprego. Você saberá ponderar e decidir se pode ou não se dar ao luxo de gastar dinheiro neste momento.

Muitos gostam de citar Provérbios 13:22, ou pelo menos a primeira parte do versículo. A primeira parte diz: "O homem bom deixa herança para os filhos de seus filhos..." É fácil concordarmos com essa parte. Mas por não sabermos bem o que fazer com a segunda parte do provérbio, geralmente não nos detemos nela por muito tempo: "mas a riqueza do pecador é armazenada para os justos."

Anos atrás, o Senhor me fez amadurecer de forma abrupta. Eu estava citando a segunda parte deste versículo como se fosse algo positivo. O Senhor falou comigo e disse: "Não cite esta linha como se fosse algo bom. Os pecadores possuem as riquezas que deveriam ser dos justos, e isso não é bom." Como os pecadores obtiveram a riqueza? Foi Deus quem a deu a eles. Por que Deus daria riqueza aos pecadores, ao invés de dá-la aos justos? É porque eles souberam administrá-la melhor. Ele dá recursos àqueles que administram bem, ainda que sejam pecadores. Esse dinheiro não virá para você enquanto você estiver dizendo: "Dinheiro, venha!" Ele não virá para você ainda que você ate ou libere, ligue ou desligue qualquer coisa na terra. Talvez você esteja orando há dez anos por mais recursos monetários sem ter resultado algum a não ser joelhos doloridos. Os recursos não vêm pela oração, ainda que a oração seja longa, em voz bem alta e sincera;

os recursos vêm através da oração juntamente com a boa administração dos recursos que você já tem.

Comece do pouco e vá crescendo. Comece sendo honesto, não pegando aquele clipe de papel insignificante. Conserve; pare e pense. Não jogue fora aquele pedaço de papel usado. Ao invés disso, escreva também no verso dele. Desligue as luzes quando sair do quarto. Dê o dízimo de seus ganhos. Recolha seus impostos honestamente. Não viva um padrão de vida que vá além de seus recursos.

Economize – faça do mínimo o máximo e obtenha tudo o que puder do pouco. Fiquei chocado quando estudei economia na faculdade, e descobri que quando você reduz a palavra *economia* à sua definição mais simples, ela quer dizer "maximizar o mínimo". Você pega um pouquinho e faz dele o máximo. Isso é economia pura e simples. Um bom administrador é um bom economista.

Se você é um economista, ou seja, um bom administrador, você pega uma maçã e tira delas as sementes; com elas, você planta uma árvore. Quando a árvore produz mais maçãs, você as vende para poder plantar mais maçãs com mais sementes. Você administra seus recursos de forma a multiplicar o seu talento. Deus não encoraja o desperdício.

Se você é um mau administrador, você desconta o cheque de seu pagamento, ao invés de depositá-lo. No caminho de casa, você pára em algum lugar para comprar algo para comer. Uma placa com a palavra "Liquidação" chama sua atenção, e você decide, então, comprar sapatos novos. E já que está fazendo compras, você aproveita para comprar um terno novo também. E o que foi que você acabou de fazer? É claro que não administrou seu dinheiro! Você apenas *con-*

sumiu. Você se tornou um consumidor, por isso, sua rotina é comprar, comprar, e comprar um pouco mais. Você diz: "Eu posso comprar tudo o que quiser." A maior parte do seu pagamento foi gasta antes mesmo de você pisar em casa.

O livro de Provérbios está cheio de boas observações, tais como, "...o diligente dá valor a seus bens" (Pv 12:27). O bom administrador valoriza aquilo que ele já possui. Como você lida com o que você tem nos cômodos de sua casa, seu dinheiro, seu tempo, seus relacionamentos? Você os valoriza? Administradores valorizam as pequenas coisas. Eles recolhem cada migalha, assim como fizeram os discípulos depois de Jesus ter alimentado 5.000 pessoas (veja Marcos 6:30-44). Por que Jesus ordenou a eles que coletassem todos os restos em cestos? Creio que a razão foi porque Ele havia acabado de usar alguns peixes e pães de Seu Pai no Céu, e iria prestar contas daquilo diante Dele.

Talvez seja uma boa ideia dar uma busca em seu armário e achar roupas que não são usadas há um bom tempo. Comece a usá-las novamente, ou doe-as. Cuide daquilo que você possui. Administre tudo bem. Seja prudente e engenhoso.

Outro provérbio diz: "Os planos (do diligente) bem elaborados levam à fartura, mas o apressado sempre acaba na miséria (Pv 21:5). Isto se aplica a pessoas que pedem esmolas. Se você passa tempo com pessoas que desejam alguma coisa em troca de nada, saiba que se encontra em má companhia. Pessoas assim optam pela saída mais cômoda, e tudo o que obterão por terem suas mãos sempre estendidas esperando receber algo é mais pobreza. Se você precisa de dinheiro, não deve apenas pedir. Você deve perguntar: "O que posso fazer por você para ganhar algum dinheiro? Pare de estender a mão para receber ajuda gratuita das pessoas e comece a *levantar a mão,* como voluntário, *oferecendo-se a ajudar.* Isso é administrar melhor, e mostra respeito pela pessoa a quem você se ofereceu para trabalhar, além de mostrar respeito próprio também. Isso indicará que você quer ser diligente em administrar seus esforços e relacionamentos.

Você encontrará muitas outras sugestões práticas ao longo deste livro. Mas lembre-se do princípio fundamental do Reino: vencer a crise depende de boa administração, e boa administração é o mesmo que mordomia íntegra ou segundo Deus. Se você viver de acordo com os princípios de Deus, colherá crescimento. Se administrar bem o que Ele já lhe deu, Ele poderá confiar mais a você.

Um Teste de Habilidades Administrativas

Se quiser ser um administrador eficaz, você deve ser como José, cuja integridade e diligência guardaram-no sob a proteção de Deus e capacitaram-no a atrair outros para dentro do mesmo refúgio.

Ao ler a história da longa vida de José, é possível contar as muitas vezes em que suas habilidades administrativas ficaram na linha de fogo. Elas foram realmente testadas. Mais de uma vez, José pareceu ter sido derrubado, mas nunca foi vencido. Creio que Deus permitiu cada uma daquelas crises a fim de testar as habilidades administrativas de José. Será que José se portaria à altura de cada novo desafio? Será que eu e você nos portaremos à altura dos nossos desafios?

Quando José encontrava uma crise, ele rapidamente desenvolvia uma estratégia para confrontá-la. Assim que interpretou corretamente o sonho de Faraó sobre os anos de abundância e os anos de fome, José propôs um plano de ação. Ele tinha apenas 30 anos de idade, mas era óbvio para ele que Deus queria alertar ao Faraó sobre a crise iminente de forma que ele pudesse preparar sua nação; José já havia discernido o que seria necessário para essa preparação.

E o que Faraó fez? Agradeceu a José por sua sugestão, deu-lhe uma tapinha nas costas, e o mandou de volta à prisão? Claro que não. Ele o promoveu, e disse a José:

> *"Uma vez que Deus lhe revelou todas essas coisas, não há ninguém tão criterioso e sábio como você. Você terá o comando de meu palácio, e todo o meu povo se sujeitará às suas ordens. Somente em relação ao trono serei maior que você".*
>
> *Gênesis 41:39-40*

José foi promovido por causa da crise, mais precisamente devido à sua habilidade de administrá-la. Naquela mesma manhã ele não passava de um prisioneiro na masmorra. À tarde, Faraó fez dele governador de toda a terra do Egito. Faraó deu-lhe até seu anel-sinete[1*] para que a transferência de autoridade pudesse ser completa. Lembre-se, José nem era egípcio por nascimento. Ele era um hebreu e um escravo estrangeiro. Entretanto, pelo que vemos, não importava de onde ele vinha. O que importava era sua habilidade de administrar a crise.

[1*] Anel-sinete era um anel com um brasão entalhado, utilizado para autenticar documentos e cartas. Quem possuía o anel-sinete de um governador era autorizado a legislar em seu nome (N.T).

Assim, durante os sete anos seguintes, José se dedicou a viajar pela terra enquanto as colheitas eram abundantes. Ele foi diligente, orquestrando a coleta de cada grão e estocando-os em grandes armazéns nas cidades. Ao final dos sete anos, quando a fome chegou, o país estava pronto. Os cidadãos podiam ir aos armazéns e obter o alimento que precisassem. Eles possuíam tal fartura que podiam até ajudar pessoas de outros países, incluindo o pai e irmãos de José. Quem poderia prever isso? Apenas Deus.

E Deus havia preparado José. Quando precisou enfrentar a crise de administrar recursos agrícolas em meio a uma seca regional, ele se viu preparado por ter, ele mesmo, superado cada uma das crises anteriores em sua vida turbulenta. Cada crise havia sido planejada por Deus com o objetivo de testar José e de capacitá-lo melhor a superar a crise seguinte.

José permaneceu próximo a Deus, mesmo quando se viu em uma cultura pagã, cuja língua ele desconhecia. Ele havia se mantido sempre disciplinado e cauteloso. Diferente de muitos de nós, José não gastou um tostão de seus recursos. Ele trabalhou arduamente em todas as funções que lhe haviam sido conferidas. Não foi diferente nem mesmo quando estava na masmorra, completamente longe do olhar de seu mestre e do público.

Tenho certeza de que José precisou fazer correções em seu comportamento à medida que o tempo passava. Ele teve bastante tempo para pensar sobre o que havia feito de errado e como fazer melhor numa próxima vez. Ele permitiu que Deus falasse com ele através de suas circunstâncias. Embora cada teste fosse radicalmente diferente dos anteriores, José superou cada um deles. Antes mesmo que uma crise se estabelecesse, ele já estava de posse da chave certa, pronto para liberar sabedoria e provisão de Deus.

É assim também com você e comigo? Ainda que tenhamos de descobrir da forma mais difícil que desperdiçamos recursos dos quais precisaríamos mais tarde – e isso inclui recursos invisíveis, tais como tempo, diligência e honestidade – há uma chance de nos arrependermos. Podemos mudar nossa maneira de pensar. Podemos nos recuperar, e com a ajuda de Deus podemos permitir que nossa crise atual nos motive a superar não apenas as más circunstâncias, mas também os maus hábitos que na verdade causaram a crise.

O Fundamental

Para vencer uma crise – fundamentalmente – é necessário que você cultive habilidades administrativas íntegras. Como fazer isso? É disso que este livro trata.

Somos os mordomos ou administradores da terra que Deus criou, e Ele é nosso Administrador pessoal, responsável por supervisionar nosso trabalho na terra.

Você aprenderá a ser um administrador, um mordomo, na medida em que observa seu Administrador. Quanto mais próximo você andar de Deus, melhor será. Ele Se importa muito com você e continuamente o conduz à Sua verdade. Ele usa cada situação de crise para aprimorar o trabalho Dele em sua vida. Ele corrigirá e instruirá você. Deus o equipará para que você possa agradá-lo enquanto aprende a administrar seu cantinho do planeta e a tornar-se como José – vitorioso sobre cada crise.

CAPÍTULO 3

O Mandato da Administração

"A força de sua fé é comparável à crise a que ela sobrevive".

Você sabia que no princípio, quando Deus criou a terra, Ele decidiu adiar o envio da chuva por um período de tempo? Ele não queria regar as plantas ainda para que estas não crescessem antes que Ele tivesse criado alguém a Sua própria imagem para tomar conta delas.

Como eu sei disso? O segundo capítulo de Gênesis fala sobre isso:

> *...Quando o Senhor Deus fez a terra e os céus, ainda não tinha brotado nenhum arbusto no campo, e nenhuma planta havia germinado, porque o Senhor Deus ainda não tinha feito chover sobre a terra, e também não havia homem para cultivar o solo*
>
> *Gênesis 2:4-5*

Deus não permitiu que nada crescesse na terra até que houvesse alguém que pudesse cultivar o solo. A versão King James da Bíblia usa o termo "lavrar" em lugar de *cultivar.* Até aquele momento, ninguém havia sido criado que pudesse cultivar as plantas, e Deus não quis permitir que as plantas crescessem sem cuidado.

Em outras palavras, não havia ninguém para *administrar* o cultivo. Aliás, a palavra no hebraico antigo traduzida como "cultivar" ou "lavrar" é a palavra *`abad,* e um de seus significados básicos é "servir" e "fazer alguém ou algo servir"; em outras palavras, a palavra significa "gerenciar" ou "administrar".

Isto é tremendo! Deus não permitiu que nada crescesse na terra no início porque Ele ainda não possuía um administrador. Foi então que Ele fez o primeiro administrador da terra, Adão. Ele o fez segundo a Sua imagem, e soprou Sua própria vida dentro dele. Ele falou com Adão e Adão falou com Ele.

Agora sim, Deus poderia regar a terra fazendo com que os vegetais crescessem em abundância. Ele criou um jardim lindo, cheio de plantas e árvores, e chamou a esse jardim de Éden. Ele deu o Jardim a Adão como seu lugar de habitação, e lhe ordenou que "o cultivasse e cuidasse" (veja Gênesis 2:8-15). Deus também lhe ordenou que desse nomes aos animais. Depois disso, Deus abençoou Adão com uma esposa, e ela foi chamada de Eva. Tudo era perfeito.

Somos Administradores Como Adão

Não se podia esperar que Adão soubesse automaticamente como agir, então Deus lhe deu instruções. Ele disse a Adão e Eva:

> *"Sejam férteis e multipliquem-se! Encham e subjuguem a terra! Dominem sobre os peixes do mar, sobre as aves do céu e sobre todos os animais que se movem pela terra". Disse Deus: "Eis que lhes dou todas as plantas que nascem em toda a terra e produzem sementes, e todas as árvores que dão frutos com sementes. Elas servirão de alimento para vocês. E dou todos os vegetais como alimento a tudo o que tem em si fôlego de vida: a todos os grandes animais da terra a todas as aves do céu e a todas as criaturas que se movem rente ao chão". E assim foi.*
>
> *Gênesis 1:28-30*

Em todo o tempo, a questão da administração foi a motivação ou razão de Deus para criar a raça humana. Você pode se referir a isto como o "mandato de administração" de Deus.

Essas palavras expressam a intenção original de Deus. Elas nos mostram que os propósitos originais de Deus para o planeta a que chamamos Terra eram simples e complicados ao mesmo tempo. Eram simples, no sentido de que Ele desejava estabelecer o governo de Seu Reino sobre a terra; eram complicados porque Ele havia criado tamanha abundância de vida que não seria fácil administrá-la (Adão constatou isso pouco tempo mais tarde). Deus havia dado uma grande responsabilidade a um ser muito falível.

Quando Adão e Eva rebelaram-se contra Deus, Ele ainda assim não revogou o mandato. Ele apenas alterou as condições sob as quais o mandato seria cumprido. Somos herdeiros tanto do mandato quanto de tais condições.

Séculos e séculos mais tarde, bilhões de pessoas vivem no mesmo planeta chamado Terra. Apenas uma fração delas já ouviu falar alguma coisa sobre a intenção original de Deus para suas vidas. Instintivamente, porém, devido ao fato de terem sido feitas a imagem de Deus, as pessoas sabem que devem administrar *alguma coisa*. Entretanto, desconhecedoras Daquele que as criou, e confrontadas por desafios intermináveis de alcançar sua sobrevivência e felicidade, a maioria das pessoas não sabe que este impulso de serem administradoras vem de Deus, e que Ele deseja estabelecer a administração de Seu Reino no planeta onde elas vivem.

As pessoas sabem pouco ou nada sobre os princípios do Reino de Deus. A maioria delas nem percebe que são cidadãs em potencial desse Reino. Com certeza, também não compreendem que o Reino de Deus possui sua própria cultura, suas leis, e seu propósito para existência, exatamente como outros países e reinos da terra.

Um dos salmos diz, "Sejam vocês abençoados pelo Senhor, que fez os céus e a terra. Os mais altos céus pertencem ao Senhor, mas a terra Ele a confiou ao homem (Sl 115:15-16). O Senhor dos Céus e da terra entregou a terra nas mãos de homens e mulheres. O que o salmo não diz é que a raça humana não tem feito um bom trabalho em administrar esse presente. Aliás, aparentemente, as pessoas têm se esforçado em destruí-la. Satanás também se infiltrou na situação, e a esta altura, tanto tempo depois do Jardim do Éden, é bem difícil dizer quem possui maior culpa.

A terra está gemendo (veja Romanos 8:22). O mundo inteiro cambaleia de uma crise a outra. O planeta e sua população ingovernável têm estado em meio a uma crise de administração desde a Queda do homem. Qualquer dos eventos individuais a que chamamos "crise" deriva-se da primeira e permanente crise de administração da raça humana. Deus, que nunca desiste (e cujo Reino celestial nunca entra em crise), tem trabalhado desde então no sentido de reconquistar esse Reino sobre a terra, e Seu método é alcançar um coração humano de cada vez.

Jesus, o Único Filho de Deus, veio pessoalmente à terra. Seus discípulos lhe perguntaram como deveriam orar, e Ele lhes disse que orassem assim:

> *Pai nosso, que estás nos céus!*
> *Santificado seja o teu nome.*
> *Venha o teu Reino;*
> *seja feita a tua vontade, assim na terra como no céu.*
>
> *Mateus 6:9-10*

Jesus ensinou a eles e a nós que clamemos ao Nosso Pai para que restaure o governo do Reino sobre a terra, tornando-a como foi no Jardim do Éden, ainda que brevemente, quando Adão e Eva administravam o recém-estabelecido posto avançado do Céu. No Jardim, exatamente como acontece no Reino do Céu, a Palavra de Deus viva era a lei da terra. A vida era boa, e a palavra *crise* não existia no vocabulário deles.

Até o dia de hoje, quando as pessoas se colocam voluntariamente sob o senhorio de Cristo, elas se tornam cidadãos do Reino. Com o passar do tempo, essas pessoas aprendem a cultura do Céu. Elas tornam-se capazes de aprender os princípios de Deus, bem como a receber ajuda Dele para obedecê-Lo. Em diferentes lugares do globo, essas pessoas também podem estabelecer novos postos avançados do Reino. Você e eu podemos fazer parte desse grande esforço de restauração.

Embora a palavra *crise* fatalmente permaneça no vocabulário dos cidadãos do Céu enquanto viverem neste globo turbulento chamado Terra, o termo pode ganhar uma conotação redentora. O mesmo "mandato de administração" aplica-se a nós como cidadãos do Reino do século 21. Nossa função é seguir a direção de Deus e propagar o governo e a cultura do Reino dos Céus aonde quer que formos, até que se cumpra a promessa: "Mas a terra se encherá do conhecimento da glória do Senhor, como as águas enchem o mar" (Hc 2:14).

Culturas em Choque

Administrar os recursos da terra com certeza teria sido um emprego de período integral, independentemente da Queda do homem e de tudo que se seguiu a ela. Mas a Queda iniciou uma torrente de situações de crise. Daquele momento em diante, "cultivar a terra" implicaria em sangue, suor e lágrimas (veja Gênesis 3). Depois de apenas um par de décadas, Caim havia assassinado Abel (veja Gênesis 4).

A discórdia dentro das famílias multiplicou-se e transformou-se em guerras entre grupos de pessoas. As doenças se disseminaram e a fome aniquilou homens, mulheres e crianças. Todos os efeitos da crise tornaram-se fatos banais. Alistei os seguintes efeitos no primeiro capítulo: medo, trauma, depressão, desespero, frustração, ansiedade, solidão, preocupação, desânimo, abandono, perda, desespero pela sobrevivência, abuso e crime. Hoje em dia, nós nos referimos a estas coisas como a "condição humana". Elas representam um choque entre a cultura do Reino de Deus e sua imitação miserável - a cultura da raça humana.

À medida que os séculos passavam e a população humana se espalhava sobre a face da terra, as pessoas levavam seu pecado e contenda consigo. Quando lemos os livros históricos do Antigo Testamento, lemos apenas uma pequena parte da triste crônica humana. O estabelecimento do Reino dos Céus na terra tem sido continuamente frustrado pelas ambições mesquinhas dos seres humanos.

Tais ambições humanas egocêntricas têm sido encorajadas pelo inimigo de Deus, que desde os dias do Jardim do Éden vem tentando usurpar a autoridade do Senhor. Satanás se dedicou a fazer o estado deplorável do mundo parecer algo normal para seus habitantes. Ele enganou aqueles que foram criados para povoar o Reino dos Céus na terra. Em essência, ele substituiu a cultura celestial original por uma imitação barata.

De certa forma, é isso o que acontece toda vez que a cultura de uma nação é imposta sobre a cultura pré-existente de outra nação. Durante o tempo em que as Bahamas foram uma colônia da Grã-Bretanha, um período que durou mais de 200 anos, nós perdemos os traços que diferenciavam nossa cultura. Nós, os baamianos, éramos uma mistura maravilhosa do Caribe e da África. Mas 200 anos são um período muito longo. Várias gerações nasceram, viveram e morreram até o final de nossos anos como colônia. Nossa cultura original foi sepultada pela nova cultura.

Ao longo de 200 anos, os baamianos foram dominados pelos britânicos, e com isso aprenderam a agir como os britânicos. O governo removeu nossa língua e a substituiu pelo "inglês do rei". A maior parte dos baamianos é de descendência africana, mas nenhum deles fala a língua de seus ancestrais. Depois da língua, os colonizadores removeram nossa história africana. Ao invés de aprendermos sobre reis africanos, tivemos que aprender sobre o Rei Henrique VIII e a Rainha Elizabeth I. Os governadores coloniais também impuseram a cultura britânica de forma que esta prevalecesse sobre a cultura baamiana. Começamos a beber chá habitualmente. No início de cada dia em nossas escolas, tremulávamos bandeirinhas britânicas enquanto cantávamos a canção patriótica "Rule Britannia" (a Bretanha governa). Fomos doutrinados nos costumes da cultura britânica até que a cultura indígena miscigenada afro-caribenha foi praticamente erradicada.

A mesma coisa aconteceu através do globo em todos os lugares onde os seres humanos se estabeleceram. Não estou dizendo com isso que as nações conquistadoras sejam necessariamente sempre más. Quero apenas que você compreenda como o sistema humano opera. Você consegue enxergar que foi exatamente isso o que o diabo fez com a raça humana?

Primeiro, ele removeu nossa linguagem, ou seja, nossa habilidade de nos comunicarmos livremente com nosso Rei. Em seguida, ele nos escravizou, e fez tudo o que pôde para nos esquecermos completamente do nosso país anterior, o Céu. Depois disso, ele obstruiu nossas memórias da Paternidade amorosa de Deus. Em lugar de Deus, ele impôs uma coleção estranha de deuses falsos e começou a difundir doutrinas falsas por todo o planeta.

Finalmente, ele cometeu a pior de todas as perversões: ele fez os seres humanos esquecerem a cultura que deveria ter sido natural para eles, a cultura do reino celestial. Ele fez as criaturas que Deus havia criado agirem como *ele,* o anjo caído que havia se tornado um rebelde e um mentiroso. Sob sua tutela, aperfeiçoamos a "arte" do engano e da vida depravada, esquecendo-nos da abundância de justiça, paz e alegria que caracterizam a cultura do Céu.

Você e eu nascemos bem no meio desse tipo de choque cultural. Nada melhorou com o passar do tempo. Cada geração crê que possui os piores problemas jamais tidos no mundo. Quando as Nações Unidas foram criadas após a Segunda Guerra Mundial, seu objetivo era evitar outras guerras. No entanto, em um período de apenas 60 anos, o mundo já testemunhou mais guerras do que em toda a história humana já registrada. De forma semelhante, todos os demais esforços bem-intencionados falharam. Atualmente, a comunicação internacional instantânea de notícias nos deixa ainda mais conscientes da magnitude dos distúrbios ao redor do mundo.

Agora estamos enfrentando um novo ciclo de crises. O povo do mundo não consegue dormir, virando-se de um lado para o outro com ansiedade. Mas o povo de Deus é capaz de reagir à altura dos desafios que tem diante de si – desde que consiga distinguir entre a cultura secular que os cerca e a cultura do Reino que flui de seus corações.

O povo de Deus é constituído por aquelas pessoas que tiveram os olhos de seus corações abertos para a verdade. Embora sejam obrigadas a continuar vivendo em meio à cultura das pessoas a sua volta, feita por homens e motivada por satanás, elas têm reaprendido a linguagem do Céu. Elas têm se arrependido de sua rebelião antiga e abraçado o governo Daquele que enviou Seu Filho para resgatá-las da escravidão.

Cabe a essas pessoas – e eu me incluo nesse grupo juntamente com você – reassumir o papel que Adão e Eva perderam quando pecaram. Cabe a nós endossar o mandato de administração de Deus e trabalhar a fim de restaurar o governo do Reino.

O Teste da Administração

Quando aceitar o mandato da administração para si mesmo, você será testado. Não há exceções. Paulo escreveu: "...ao contrário, como homens aprovados por Deus para nos confiar o evangelho, não falamos para agradar pessoas, mas a Deus, que prova o nosso coração" (1 Ts 2:4). Tiago acrescentou: "pois vocês sabem que a prova da sua fé produz perseverança" (Tg 1:3).

De onde vem a prova? Às vezes, é possível perceber que as provas vêm diretamente de Deus. Outras vezes, as provas são causadas por outras pessoas, ou parecem vir diretamente do inimigo. Frequentemente, nossas provas vêm através de circunstâncias dominadas pela crise. No entanto, as provas sempre vêm com a permissão de Deus, independente de quem seja responsável, e Ele está pronto a ajudar-nos a cada minuto.

Quando o teste ou prova da administração vem, há um preço a ser pago. Pagar o preço significa passar na prova. Talvez, para isso, você tenha que se desfazer de seu orgulho, ou parte dele. Talvez você tenha que pagar um alto preço de investimento de tempo. Talvez perca dinheiro ao invés de ganhá-lo. Às vezes, o preço é realmente bem alto. O apóstolo João, quando já estava avançado em idade e depois de ter sofrido durante toda a vida adulta pela causa do Evangelho, escreveu uma mensagem profética a alguns de seus companheiros cristãos da ilha de Patmos, para onde ele havia sido enviado e exilado:

> *Não tenha medo do que você está prestes a sofrer. O Diabo lançará alguns de vocês na prisão para prová-los, e vocês sofrerão perseguição durante dez dias. Seja fiel até a morte, e eu lhe darei a coroa da vida.*
>
> *Apocalipse 2:10*

O próprio João, embora fosse um sobrevivente do grupo dos apóstolos originais, teve que pagar esse preço alto. Ele considerava a morte como a prova final, o culminar de várias tribulações e de uma longa perseguição.

No capítulo anterior, eu lhe mostrei como as habilidades administrativas de José foram testadas repetidas vezes. Ele passou em cada prova com nota máxima. Ele pagou um preço extremamente alto na forma de rejeição, dor, solidão e saudade de casa. Ele abriu mão de seu orgulho (lembre-se que ele era um adolescente bem arrogante), de seu status, sua carreira, e sua herança. Os ataques ferozes que ele sofreu tinham força suficiente para destruí-lo. Ainda assim, ele se agarrou ao seu Deus e aos dons e traços de caráter que ele havia recebido e adquirido, e que cresciam continuamente à medida que ele amadurecia.

José era estrangeiro e escravo. As probabilidades de ele ser liberto da prisão eram muito baixas. Ele não possuía chances reais de crescer entre as fileiras de funcionários governamentais como fez.

Apesar de ser um estrangeiro, foi a *administração* de José que o promoveu. Faraó disse: "José, eu o porei a cargo de todo o país porque você possui um plano administrativo." José já havia provado que seria consistente, diligente, honesto, e inovador. Ele provou tudo isso mais uma vez durante a fome e seus preparativos diligentes para enfrentá-la.

Quero que você compreenda que, como José, será promovido por sua administração. Se você ainda não crê nisso, observe o que a *ausência* das qualidades de uma boa administração pode causar às suas perspectivas de progresso.

Durante um seminário de administração, ouvi a palestra de um homem que dirige uma fábrica de embalamento de carne. Ele falou sobre o problema que tinham com constantes roubos dos funcionários. Ele possuía provas de que seus funcionários estavam roubando vários produtos porque ele contava os frangos antes e depois de serem processados. Ele disse: "Sabíamos que havíamos trazido três mil frangos. No final, só tínhamos dois mil. O que aconteceu com mil frangos? Para onde estavam sendo levados? Esses frangos não possuíam asas; estavam mortos e não podiam voar..."

Seus funcionários também não possuíam asas, mas possuíam pés – e "dedos pegajosos" que podiam usar para roubar. Eu ficaria muito surpreso se qualquer daqueles empregados jamais recebesse um aumento ou uma promoção, mas eu não ficaria chocado em saber que alguns deles haviam sido demitidos. O que aconteceria se o líder da fábrica de embalamento de carne pudesse trazer um "José" para supervisionar a operação? Creio que a situação melhoraria. Ele acabaria com a "festa" deles!

Um problema sério na Bahamas é que as pessoas possuem um "senso de direito", ou seja, acham-se no direito de fazer coisas desse tipo. Um José naquela usina poderia acabar com isso. Mas esse senso de direito é também o problema de muitos de nós. "Por que não posso ajudar a mim mesmo?" as pessoas se perguntam. "Afinal, não me pagam um salário justo; então, vou levar um pouco de frango para casa." Isto soa familiar a você?

Essa ação é uma tentativa de justificar o mal. Deus está anotando tudo; Ele procura por honestidade e diligência. Ele recompensa a pessoa que trabalha arduamente e que administra seus negócios com integridade. Ele permite que tenhamos uma crise de consciência, a fim de que nosso caráter seja testado. Você tem o caráter de um bom administrador?

Você tem sido aprovado em seus testes de administração? Você foi tentado a confiar em sua própria força porque estava desesperado (ou meramente por causa daquele "senso de direito")? Se você caiu em algum tipo de tentação, não é tarde demais para começar a construir uma história pessoal melhor. Arrependa-se e comece do zero. Comece a viver de acordo com os princípios do Reino. Você encontrará mais bênçãos dessa forma do que vivendo de acordo com sua percepção humana egocêntrica.

Vá para o trabalho amanhã e limpe sua mesa ou área de trabalho. Faça da excelência o seu alvo. Não se esquive de suas tarefas. Trabalhe como se Deus o estivesse observando – porque Ele realmente está.

E quando for para casa, faça o mesmo. Ainda que você more em um apartamento alugado em uma vizinhança ruim, mantenha esse lugar em ordem da melhor maneira possível. Mantenha as janelas tão limpas e brilhantes quanto você mantém sua alma.

Tenho certeza de que mesmo quando José estava vivendo naquela prisão imunda, ele fez o que pôde para afastar os cabelos de seus olhos e para manter limpas suas roupas mínimas de prisioneiro. Deus estava observando José na prisão, mesmo quando sua família e o faraó não podiam vê-lo. Deus observava para ver se José passaria por aquela prova da mesma forma como havia passado pelas outras. Como será que José administraria seus recursos limitados naquela prisão? Será que ele mentiria ou roubaria? Será que ele ficaria amedrontado ou zangado? Será que ele se recolheria em uma depressão sombria?

José foi promovido porque passou pela prova. Em sua nova função, ele teve mais honra, mas igualmente teve mais responsabilidade. Ele obteve maior riqueza e maior autoridade, mas teve que trabalhar com maior diligência e teve que clamar pelo nome do Senhor mais do que fizera antes.

Deus com certeza pode usar um homem ou uma mulher assim para ajudar a estabelecer Seu Reino em meio à "prisão" de qualquer reino na terra.

A Administração Eficaz Determina Seus Recursos

A história de José nos mostra como uma administração eficaz pode determinar quantos recursos estarão disponíveis para uma pessoa. Em mais de uma ocasião, a crise se abateu sobre José e o reduziu a nada. Mas a cada vez, José conseguia o feito de administrar tanto a si mesmo quanto as circunstâncias aparentemente ingovernáveis ao seu redor. E ele fazia isso de forma tão eficaz que era promovido novamente.

Embora possa levar um bom tempo para alcançar esse

nível, o resultado final da boa administração é sempre uma riqueza maior, sejam as riquezas na forma de dinheiro ou de bens abstratos, tais como felicidade e gratificação.

Jesus narrou uma estória peculiar sobre administração. Lucas a registrou em seu Evangelho (veja Lucas 16). É a parábola do administrador astuto que, embora fosse desonesto, possuía a constituição de um excelente administrador.

Jesus elogiou o homem por aquilo que fez depois de ter sido demitido. Ele havia sido demitido por desperdiçar a propriedade de seu mestre e por mentir a respeito. Em princípio, o administrador ficou atônito quando seu senhor lhe disse que fosse embora, mas ele era um homem muito sagaz. Ele sabia que não poderia encontrar outro emprego tão facilmente. Então, sem perder nem mesmo um minuto, ele saiu e encontrou os devedores de seu senhor. Sentou-se com cada um deles, e renegociou o montante pendente em suas faturas. Ao fazê-lo, ele caiu na graça desses devedores que eram pessoas abastadas, e seu gesto provavelmente garantiu-lhe um emprego futuro com algum deles.

Sinceramente, duvido que seu antigo empregador o tenha readmitido, já que essas novas transações só o teriam feito perder ainda mais dinheiro. Mas Jesus diz que aquele senhor, o empregador, *elogiou* seu ex-administrador: "O senhor elogiou o administrador desonesto, porque agiu astutamente. Pois os filhos deste mundo são mais astutos no trato entre si do que os filhos da luz" (Lc 16:8).

Jesus, então, fez uma importante observação:

> *Quem é fiel no pouco, também é fiel no muito, e quem é desonesto no pouco, também é desonesto no muito. Assim, se vocês não forem dignos de confiança em lidar*

com as riquezas deste mundo ímpio, quem lhes confiará as verdadeiras riquezas? E se vocês não forem dignos de confiança em relação ao que é dos outros, quem lhes dará o que é de vocês?

Lucas 16:10-12

Deus não lhe confiará um salário apenas porque você é salvo. Ele só lhe dará uma renda se souber que você é capaz de administrá-la. Ele permitirá que suas habilidades administrativas – as quais crescem paralelamente ao seu caráter cristão e à sua obediência – conquistem favor diante dos homens. Quanto mais eficaz for sua administração, mais chances terá de ser promovido a maiores responsabilidades e também abençoado com maiores recursos.

Lembre-se dos frangos, do clipe, e do administrador astuto na estória de Jesus. Se você for desonesto no pouco, será desonesto no muito, e, portanto, não merece ser confiado como administrador. Se você administra mal pequenas coisas, é certo que fará o mesmo com grandes coisas. Então, como você poderá obter verdadeiras riquezas?

É preciso que você conquiste direitos de propriedade. É assim que funciona e essa é a razão porque a maioria das pessoas começa sua vida de casados em uma casa ou apartamento alugado. Essa é a razão porque a maioria das empresas e igrejas começa em instalações alugadas. É verdade que é possível mudar-se para algo melhor depois de ter ganhado algum dinheiro, mas você conseguirá mudar-se mais rapidamente se tiver conquistado respeito pela forma como tratou a propriedade que alugou antes. Deus o recompensará por administrar bem seu apartamento alugado.

Na maior parte das cidades no mundo ocidental, as pessoas que vivem de aluguel a vida inteira são frequentemente as mesmas que desrespeitam o proprietário do imóvel ao serem irresponsáveis com a manutenção do lugar. Se seus filhos quebram um azulejo no banheiro, elas não se importam, já que aquela é apenas uma propriedade alugada. E se a lâmpada queima, elas não gastam um real a mais se puderem evitá-lo. Ao invés disso, exigem uma lâmpada nova do dono do imóvel.

Deus está observando para ver como você administra o que Ele já lhe deu, antes de lhe dar outros recursos. Não importa a Ele se você vai à igreja três vezes por semana ou se carrega uma Bíblia em cada bolso. Se você não administrar corretamente a situação onde Deus o colocou atualmente, Ele não responderá as suas mais sinceras orações por "mais, mais, mais" (Você pode imaginar pedir a Deus um milhão de reais? Um milhão de reais seria uma quantia grande demais para 90 por cento de nós. Nós poderíamos pegar o próximo avião, passar umas férias luxuosas, comprar um carro sofisticado, etc. Mas em bem pouco tempo, estaríamos falidos, em um estado bem pior do que antes).

Finalmente, porém não menos importante, o dízimo é parte da administração eficaz. O dízimo é o programa de treinamento de administração de Deus. Deus saberá como você administra recursos pela forma como você administra Seu dízimo. Não que Ele precise de seu dinheiro, pois na verdade tudo é Dele. Mas Deus deseja saber se você conseguirá separar aquela pequena quantia de 10 por cento do dinheiro Dele.

A prática do dízimo requer responsabilidade, disciplina, honestidade, diligência, fidelidade, e confiabilidade. Todos estes também são aspectos de uma boa administração.

Você se lembra do que Deus disse ao povo de Israel através do profeta Malaquias? Ele disse: "Vocês estão Me roubando" (Ml 3:8a).

O povo perguntou: "Como é que Te roubamos?"

E Ele disse: "Nos dízimos e nas ofertas" (Ml 3:8b). O que Deus estava lhes dizendo era: "Vocês estão comendo Meu dízimo." Deus lhes fez uma proposta: "Se vocês forem fiéis e recomeçarem a pagar seus dízimos, então eu abrirei as janelas do Céu, e derramarei sobre vocês uma bênção tão grande que não a poderão conter" (veja Malaquias 3:10).

Esse é o melhor exemplo de como uma administração eficaz determina seus recursos.

Acrescentando Valor

Lembre-se de minha definição para administração no capítulo 2: administração é o uso eficaz e eficiente, correto e oportuno da propriedade e de recursos alheios para o propósito para o qual eles foram delegados, com vistas a produzir um valor de acréscimo esperado.

Você tem acrescentado valor às coisas que tem feito? O que significa acrescentar valor ao empreendimento que você tem administrado? Você é um empregado? Não apenas compareça ao emprego com o objetivo de ganhar um salário. Quais áreas do negócio de seu empregador você administra? Descubra o que você administra e empenhe-se por melhorar essas áreas. Ainda que você seja apenas o/a recepcionista, pode acrescentar valor à sua posição sendo alerta, simpático, confiável e hospitaleiro, e especialmente fazendo aquelas coisinhas extras que não constam na descrição de sua função. Ainda que você seja o faxineiro do período noturno, trabalhando por trás dos bastidores onde ninguém o vê, há meios de acrescentar valor ao seu trabalho através de sua diligência. Não procure sempre a saída mais fácil; ao invés disso, busque meios de servir às pessoas que o contrataram. Vá acima e além daquilo que se espera de você.

Independentemente de seu cargo, você pode oferecer ideias que façam a empresa de seu empregador crescer. Você pode oferecer estratégias para expandir seu departamento. Você pode pensar em formas criativas de trazer mais transações comerciais à sua empresa.

Você administra o trabalho de outras pessoas? Edifique-as e ajude-as a fazerem o melhor que podem. Pense em formas de ajudá-las a fazerem seu trabalho de forma mais eficiente e natural. Você oferece consultas em alguma área? Então sirva a cada pessoa com igual atenção. Dê às pessoas bons conselhos jurídicos ou cuidado médico, ou o que for que você ofereça. Dê a elas mais do que esperam receber. Seja agradável e generoso com seu tempo ao mesmo tempo em que é eficiente, pois se você se atrasar em suas consultas, não estará acrescentando valor às pessoas que o aguardam em sua sala de espera.

Você possui uma família? Não permita que seu emprego lhe roube a companhia dela. Seja presente nas vidas de seus filhos. De à sua família o devido valor. Permita que saibam que você se alegra por eles viverem com você. Diga-lhes o quanto você é grato por eles, mostre afeição a seu cônjuge e tente evitar ser desagradável ou exigente.

Você se lembra da narrativa Bíblica sobre os servos que receberam talentos? (Veja Mateus 25:14-30). Aqueles que receberam elogios (e mais recursos!) foram aqueles que acrescentaram valor ao dinheiro que haviam inicialmente recebido. O homem que enterrou seu único talento no quintal foi repreendido e teve aquele único talento removido. Ele de modo nenhum acrescentou valor ao seu talento. Aliás, quando ele o desenterrou, seu talento estava coberto de terra.

O mestre daquele homem usou uma linguagem bastante pesada ao falar com ele. Ele o chamou de "mau e negligente": "Servo mau e negligente!... Então você devia ter confiado o meu dinheiro aos banqueiros, para que, quando eu voltasse, o recebesse de volta com juros" (Mt 25:26-27). Na perspectiva de Deus, a maldade acontece sempre que você administra mal os recursos Dele. Maldade é quando você faz com que algo que Deus lhe deu perca valor. É evidente que você jamais desejaria ouvir Deus chamá-lo de "mau e negligente".

Faça tudo o que puder para ser aprovado em seus testes diários. Acrescente valor ao seu uso do tempo. Administre-o bem, e não o desperdice. Seja pontual ao chegar e ao partir. Acrescente valor aos seus momentos de intervalo; pergunte a Deus se você poderia aproveitar para orar por algo enquanto está no trânsito ou à espera de algo. Acrescente valor aos seus relacionamentos. Use boas maneiras e mostre honra e respeito às demais pessoas. Pense nos outros antes de pensar em si mesmo. Busque formas de tornar o dia das outras pessoas mais bem sucedido.

Dê uma boa olhada em sua rotina diária. De que forma você pode administrá-la melhor? Como pode acrescentar valor a cada um de seus aspectos?

Diligência e Paciência

O texto de Provérbios 10:4 diz: "As mãos preguiçosas empobrecem o homem, porém as mãos diligentes lhe trazem riqueza." Os antônimos de preguiça e pobreza são *diligência* e *riqueza*. Você preferiria permanecer pobre ou gostaria de ter todas as suas necessidades providas? Essa é uma pergunta retórica; sei qual será sua resposta.

Quando você encontra uma pessoa diligente, você encontra também uma pessoa paciente. Esses dois traços de caráter caminham juntos. Aliás, um define o outro. Uma pessoa diligente sabe que deve trabalhar arduamente, e que não deve desistir quando está cansada ou desanimada. O diligente não exige ser entretido enquanto trabalha. Ele se dedica pacientemente. Da mesma forma, uma pessoa paciente precisa estar disposta a aguardar resultados. Paciência não é um traço passivo. Ao contrário, é ativo porque envolve fazer algo – *depositar* sua esperança e confiança em um determinado resultado.

Uma pessoa paciente e diligente será com certeza um bom administrador. Ela estará disposta a continuar dirigindo o mesmo carro velho e surrado por muitos mais anos enquanto trabalha diligentemente (administrando recursos), economizando para comprar um carro novo. Uma pessoa diligente e paciente não se precipita. Por que pegar um empréstimo para comprar um carro novo quando você ainda pode dirigir o mesmo carro velho para o trabalho todos os dias? Por que pagar juros no preço do carro se você pode evitá-lo? Isso só diminuiria o "valor de acréscimo" de seus bens, além de alimentar seu falso senso de direito e orgulho.

Talvez você tenha que pedir ajuda de outros a fim de ter vitória sobre seus hábitos preguiçosos. É possível que você não perceba o quão arraigados eles estão; nesse caso você precisaria receber um empurrão de outra pessoa antes de conseguir exercer a energia extra imprescindível à vida de um administrador diligente.

Ainda que você seja um administrador nato, será necessário exercitar seus dons e sua sabedoria. Não é possível colocar sua vida no "piloto automático". Mantenha Deus no banco do motorista. Deixe que Ele o ajude a usar seus dons. Você precisará definir seus alvos e também suas estratégias. Veja este exemplo pessoal:

Quando minha esposa e eu nos casamos, não tínhamos condições financeiras de comprar uma casa. Terminei meus estudos e fui morar na casa da minha sogra com minha esposa e meu primeiro, pois não podíamos pagar aluguel. Moramos com minha sogra por quatro anos. Tínhamos um carro velho, um Datsun, com um para-choque preso com fita adesiva. Não éramos pobres assim como resultado de preguiça; apenas estávamos começando nossa vida como família, e não havíamos tido tempo para acumular nada ainda. Aqueles quatro anos pareceram uma eternidade. Com diligência e paciência, tive que engolir meu orgulho e continuar a trabalhar rumo a meus alvos.

Eu possuía um alvo bem definido: desejava economizar o suficiente para comprar uma casa em um local chamado Westwood Villas. Eu não possuía intenção nenhuma de tirar vantagens da hospitalidade de minha sogra maravilhosa por tempo indeterminado. Todas as vezes que me via cansado daquela situação, lembrava a mim mesmo sobre a verdade.

Então eu saía e acrescentava mais um pedaço de fita adesiva ao para-choque do carro (que soltava tanta fumaça!). Ninguém podia nos acusar de vivermos acima de nossas condições financeiras.

Finalmente, compramos nossa casa em Westwood Villas. Ela está completamente quitada, assim como os três carros que temos em nossa garagem. Desde aquele tempo, o valor avaliado de nossa casa já aumentou consideravelmente, o que acrescentou valor ao nosso investimento original. O preço que pagamos valeu a pena, não somente em dinheiro mas também em diligência e paciência.

O livro de Provérbios está repleto de conselhos sobre diligência. Provérbios 13:4 diz: "O preguiçoso deseja e nada consegue, mas os desejos do diligente são amplamente satisfeitos." Os apáticos são pessoas preguiçosas. Estão sempre em busca de encontrar o pote de ouro, o que nunca acontece. Eles olham para o dia ensolarado e dizem: "Hoje é meu dia de sorte." Eles sempre dizem que possuem um "plano" para o futuro, mas estão sempre sem dinheiro. Do lado oposto, o diligente nem pensa em encontrar o pote de ouro. Ele não se apóia em mera sorte. Ele se levanta da cama e, sem perda de tempo, vai direto ao trabalho, confiando na força de Deus para mantê-lo no caminho certo. O plano do diligente é seguro, pois ele se lembra que é mordomo dos recursos de Deus. É ele quem será bem sucedido ao final. Ele conseguirá superar todos os revezes e se levantará novamente, mais forte que antes. É verdade o que diz o texto: "Os planos bem elaborados levam à fartura; mas o apressado sempre acaba na miséria" (Pv 21:5).

CAPÍTULO 4

Sete Maneiras de Administrar Uma Crise

O caráter não é forjado em uma crise – ele é apenas revelado.

– Robert Freeman

Quando você é atingido por uma crise, já é tarde demais para se perguntar se está ou não preparado para ela. Você descobrirá a verdade rapidamente. E independentemente de estar pronto ou não para passar por um tempo difícil, com certeza a crise o ensinará coisas novas.

Se você já vem crescendo e amadurecendo como cidadão do Reino de Deus há algum tempo, poderá ter algumas surpresas agradáveis. É óbvio que a crise em si não será agradável. Mas suas reações à crise de acordo com os princípios do Reino, demonstrarão que você tem aprendido bem suas lições de administração. Talvez você descubra que, ao invés de medo e pânico, possui paz em seu coração. Ao invés de ficar inseguro, agarrando-se ao vento, você verá que é capaz de confiar em Deus completamente, exatamente do modo que sempre desejou poder fazer. Pode ser que você ainda tenha seus momentos de descontrole, mas na maior parte do tempo, reagirá de forma sóbria mental e emocionalmente, e será capaz de ajudar sua família e seus amigos a fazerem o mesmo.

Se você já estiver nesse nível, a situação de crise apenas lhe dará uma lição de revisão. Suas prioridades passarão por um exame microscópico. Será que você tem administrado bem seus negócios, mas tem confiado um pouco demais no nível de sua renda? Esse será o momento propício para arrepender-se de confiar no dinheiro e realinhar-se com seu Deus, que é o seu Provedor. Talvez você esteja frequentando uma igreja e dizimando fielmente. Mas será que você confia mais no pastor ou na instituição da igreja do que no próprio Deus? Sua situação de crise exporá os fundamentos sob seus pés. Deus usará tudo isso para ajudá-lo a crescer.

Se, porém, você tem sido relapso em seu caminhar com o Senhor, não dando a Ele o devido valor e apenas vivido uma vida que mais ou menos se assemelha às vidas das pessoas à sua volta, uma crise com certeza lhe dará um belo susto. Deus deseja chamar sua atenção. Ele Se importa demais com você para permitir que desperdice sua vida. Ele deseja dar-lhe um curso intensivo em habilidades administrativas, bem como uma revisão das lições que você já aprendeu até o momento. A própria natureza de uma crise o forçará a aprender coisas novas, ainda que da maneira mais difícil. Você lamentará não ter alguém que lhe diga quais passos deve tomar, porque seu cérebro não estará funcionando muito bem, especialmente quando for dominado pelo medo e ira.

Por essa razão, desejo alistar sete maneiras pelas quais você pode começar a administrar uma crise, especialmente aquela que possua ramificações financeiras como a perda de um emprego, contas inesperadamente altas, uma crise de saúde familiar, um desastre natural, a perda de sua moradia (mesmo que você esteja alugando um imóvel, pode acontecer de seu locador sofrer a perda), ou uma crise financeira nacional que afete o bem estar de todos.

No restante deste capítulo, explorarei cada uma dessas ideias com um pouco mais de detalhes. Como você pode começar a administrar uma crise? Comece por avaliar sua vida e por fazer o seguinte:

1. Determine suas necessidades.
2. Adquira apenas aquilo que você realmente precisa.
3. Não viva além daquilo que seus recursos lhe permitem.
4. Elimine gastos desnecessários.
5. Adie projetos de grande porte.
6. Dê valor aos seus bens.
7. Poupe, preserve e proteja seus recursos.

Determine Suas Necessidades

Primeiramente, você deve determinar suas necessidades. Muitos de nós fazemos uma lista de compras antes de irmos ao supermercado. Mas quantos de nós fazemos listas das verdadeiras necessidades em nossas vidas?

Devemos fazer uma distinção entre nossas necessidades e nossos "desejos". Quando estamos no meio de uma crise, é essencial que saibamos perceber a diferença – às vezes sutil –

entre nossas necessidades e nossos desejos, e precisamos ser capazes de fazer isso rapidamente.

Muitos de nós agrupamos nossas necessidades juntamente com nossos "desejos", e temos dificuldade em diferenciá-los. Há vezes em que desejamos muito uma determinada coisa, mas o fato de a querermos muito não pode convertê-la em algo necessário. Você realmente *precisa* daquele vestido novo que viu na vitrine? Você sabe que não.

Às vezes, colocamos coisas na categoria de "necessidades", de acordo com aquilo que outras pessoas possam vir a dizer. Pensamos que precisamos ter certa aparência a fim de pertencermos a um determinado grupo que julgamos ser o adequado para nós. "O que as pessoas vão pensar se eu não tiver um [*preencha o espaço*]?" "O que as pessoas vão pensar de mim agora que estou divorciado?" "Será que não serei rejeitado se eu estabelecer minha empresa/igreja/casa naquele bairro de má reputação?"

Com frequência, nos sentimos obrigados a ir de encontro às expectativas das pessoas. Por exemplo, pode ser que você sempre tenha dado presentes de natal caros a todos os membros de sua família, mas seu marido perdeu o emprego e você teve diversas despesas extras neste último ano. Neste próximo natal, faça um balanço de seu orçamento e disponha-se a comprar presentes práticos para sua família. Simplifique as coisas. Talvez você decida fazer os presentes ao invés de comprá-los. Seja criativa. Faça um bolo para alguém e ponha o nome da pessoa sobre o bolo. Plante flores em vasos bonitos ou ofereça seu tempo e habilidades para ajudar pessoas em algum projeto em suas casas. Você não deve permitir que sua antiga forma generosa de dar presentes determine o que você fará neste ano.

Em meio à crise, seus desejos precisam ceder. Agora não é o momento de ficar ansiosa sobre aquela coisa linda que você vem cobiçando já há algum tempo. Talvez você esteja habituado a almoçar fora todos os dias. Agora é tempo de trazer o almoço de casa. Não reclame, dizendo: "Ah, mas eu ainda quero comer fora com meus amigos pelo menos uma vez por semana." Talvez você queira isso, mas agora é tempo de crise, e você deve ficar em casa e cozinhar.

Proponha-se hoje a discernir a diferença entre suas necessidades reais e seus desejos. Deus não deseja que você viva de forma confusa. A indecisão e o raciocínio desordenado o colocarão em uma posição perigosa: em cima do muro. Isso não é aconselhável, se não quiser sofrer uma queda após cada crise.

Adquira Apenas o Necessário

Agora que sua renda familiar encontra-se ameaçada, ideias que antes pareciam interessantes, como por exemplo, adquirir aquela linda propriedade no outro lado da cidade, já não mais poderão ser consideradas como um plano inteligente. Quando somos atingidos por uma crise, percebemos, de repente, que não precisamos mais daquela propriedade. Se persistir na ideia de comprá-la, você poderá vir a arrepender-se mais tarde, pois talvez acabe com um lote de terra sem valor.

Em meio a uma crise, puxe o freio de mão no que diz respeito às suas aquisições. Compre algo apenas quando estiver razoavelmente certo de que virá a precisar daquilo no futuro. Se você sabe que um furacão se aproxima, saia para comprar algumas garrafas de água potável a mais e algumas pilhas para sua lanterna, mas não dê atenção àquela liquidação de mobília para jardim. Se você tiver feito uma distinção adequada entre suas necessidades e seus desejos, não será tão difícil estabelecer um limite para o que você adquire. Adquira apenas o que você precisa.

Numa situação de crise, você precisará de ativos líquidos, ou seja, precisará de dinheiro para fazer compras indispensáveis, bem como para saldar dívidas pendentes. As cédulas em sua carteira e as moedas em seu bolso são ativos líquidos. Da mesma forma, o dinheiro em sua conta corrente e poupança é um ativo liquido, pois é possível acessá-lo rapidamente.

Em uma situação de crise, você não precisa de mais ativos fixos, como a propriedade que mencionei acima. Ainda que sua casa valha muito dinheiro, ela é um ativo fixo. Tentar vender e converter sua casa em dinheiro pode levar um bom tempo, e em uma época de crise regional, essa transação talvez seja inacessível.

Não Viva Além de Suas Posses

Em época de crise - aliás, em qualquer tempo - não devemos viver além de nossas condições de pagarmos nossas contas e de mantermos aquilo que já adquirimos. Isso é puro bom senso. Com frequência, porém, parece que bom senso é um artigo em falta. Mais uma vez, vemos que é uma questão de necessidades versus desejos.

Verifique sua conta bancária. Dê uma olhada em sua carteira e some as cédulas. Você ganha mais do que gasta ou gasta mais do que ganha? Você tem usado seu cartão de crédito com frequência?

Viver dentro de suas posses tornou-se um conceito estranho para muitos de nós! Temos agido com um raciocínio distorcido. Para ser honesto, temos vivido "dentro de nossos desejos" na maior parte do tempo. E ainda nos perguntamos por que temos enfrentado dificuldades financeiras. Na medida em que os meses passam, passamos a atrair crise após crise. Nossa crise pessoal não pode ser atribuída a ninguém a não ser a nós mesmos.

Viva dentro de suas posses. Tome uma *decisão* de fazêlo, e compartilhe sua decisão com alguém. Você se tornará, dessa forma, responsável por cumprir o que decidiu. Peça conselho, se precisar. Lembre-se que é melhor perder um pouco de orgulho do que perder suas roupas.

Afaste-se do Desnecessário

Após ter determinado a diferença entre suas necessidades reais e as "extras", você poderá fazer a separação entre as coisas necessárias e as *desnecessárias*. As necessidades da vida são aquelas coisas de que você realmente precisa – comida, abrigo e mais algumas outras. As coisas desnecessárias incluem os luxos – a adesão a um clube, uma viagem de compras, entradas para um concerto.

Sim, você precisará se sacrificar. Pode ser que no futuro você possa ter tudo isso novamente, mas não agora. Lembrese: tudo o que você possui não é seu de qualquer maneira. Tudo pertence a Deus, e você é apenas o mordomo, o administrador. Quando os tempos se tornam difíceis, não queira agir como se fosse mais sábio que Deus, e Ele diz que fomos comprados por alto preço, e que não pertencemos a nós mesmos (Veja 1 Coríntios 6:19-20). A Bíblia Viva diz: "Seu próprio corpo não lhes pertence. Porque Deus comprou vocês por preço elevado...".

Se revisar seus gastos habituais, você poderá até obter um excedente para abençoar outras pessoas. Tendemos a esquecer a importância de poder dar a outros. Se você esbanjar seu tempo e dinheiro em coisas desnecessárias, não terá nada para dar aos outros: "Deus ama quem dá com alegria" (2 Co 9:7), e "aquele que semeia pouco, também colherá pouco, e aquele que semeia com fartura, também colherá fartamente" (2 Co 9:6). Enquanto você estiver ocupado, correndo de um lado para outro gastando dinheiro, provavelmente não terá nem *tempo* sobrando para dar a outros. Como você poderá considerar seus gastos extras justos quando estiver guiando sua pick-up para a academia de ginástica, e no caminho passar mais uma vez por aquele homem com um cartaz rabiscado que diz: "Trabalho em troca de comida"? Será difícil, não é?

Afaste-se do desnecessário. Sua vida não deve consistir em gastar dinheiro. Acredite, é perfeitamente plausível evitar gastos caros, especialmente em tempos de crise.

Da mesma forma, é normal você se afastar de certas amizades, se perceber que estas o estão levando para o "buraco". Talvez você pense que não faz diferença com que tipo de pessoas se associa, mas está enganado. Jesus disse: "Pode um cego guiar outro cego? Não cairão os dois no buraco?" (Lc 6:39). Algumas pessoas ficam presas na crise porque temem o conflito e não conseguem dissociar-se de amigos que estão cegos espiritualmente.

A dissociação não precisa ser confrontante. É possível afastar-se das vidas das pessoas de forma discreta, ao mesmo tempo em que se mantém a integridade. Quando as pessoas notarem que não o veem há algum tempo, você poderá simplesmente sorrir e dizer: "Bem, tenho estado bem ocupado." Depois de um ano inteiro ter passado sem você sequer passar na casa de seus amigos pra dar um "Oi", você poderá dizer a eles que tem trabalhado em alguns projetos, tido algumas atividades extras, ou tido algumas responsabilidades a mais. Você pode ser como Neemias, que respondeu o seguinte às pessoas que queriam distraí-lo durante a reconstrução dos muros de Jerusalém: "Estou executando um grande projeto e não posso descer. Por que parar a obra para ir encontrar-me com vocês?" (Ne 6:3).

Adie Grandes Projetos

Embora você deva se manter ocupado e trabalhar arduamente, não é prudente se engajar em grandes e novos projetos em meio a um tempo de crise. Esta é uma variação do mesmo conceito: em tempo de crise, tome uma decisão consciente de cercear seus planos de aprimorar sua propriedade ou qualquer outra coisa que você administre. Governos e empresas têm feito isso, e você deve fazer o mesmo.

Quando uma empresa de porte faz cortes, as pessoas em altas posições administrativas parecem não possuir sentimentos. Dizem coisas do tipo: "Cortem 35 por cento da equipe" e então saem da sala de reuniões como se nada houvesse acontecido. Não estão preocupados com quem será demitido ou com a maneira como outros cumprirão a ordem. Não se importam em saber se alguns daqueles empregados foram contratados por eles mesmos, pessoalmente. Simplesmente, corte 35 por cento e *pronto*. É assim também que você deve agir atualmente em sua vida pessoal; no meio de uma crise não há espaço para hesitações baseadas em seus sentimentos.

Você achou que este seria o ano de instalar um ar condicionado novo? Deixe esse plano para depois e conserte o ar condicionado antigo. O mercado tem agido de forma imprevisível e você não pode ter certeza de que poderá pagar o preço de um ar condicionado novo. Se tem dúvidas, não arrisque.

Reorganize-se e tente novamente mais tarde, quando a maré da crise tiver baixado.

Valorize Seus Bens

Esta é minha sugestão preferida, pois ela estimula a desenvoltura e ao mesmo tempo cultiva uma "atitude de gratidão".

Não importa se você tem poucas posses ou mais bens do que consegue contar, faça um levantamento deles de uma perspectiva nova. Seus bens são valiosos, por isso, agradeça a Deus por cada item, grande ou pequeno. Preste atenção nas coisas incomuns, como por exemplo, aquele pote onde você guarda a chave de sua casa, ou aquela mesinha de madeira perto da porta de entrada onde você mantém esse pote, ou a própria chave da casa.

Agradeça a Deus por Sua provisão em sua vida. Agradeça-Lhe por tudo o que lhe vier à mente, como aquele membro de sua família que lhe deu aquele pote, ou pelo teto sobre a sua cabeça que é representado por essa chave. Passe um tempo agradecendo pelos dons e recursos a que você geralmente nem dá o devido valor. Isso fará bem a sua alma. Este simples exercício de gratidão pode evitar que você sofra do mal da insatisfação que frequentemente leva as pessoas a dizerem: "Quero mais! Dê-me mais, mais, mais!"

A seguir, pense como você poderia usar melhor as coisas pelas quais está grato. Você tem uma casa grande com apenas uma pessoa (você) morando nela? Será que poderia alugar algum quarto extra? Ou talvez pudesse doar alguns móveis a uma mãe solteira que não tem nenhum? Não seria uma boa ideia montar seu escritório em casa? Afinal, de certa forma os cômodos extras em sua casa não têm finalidade. Você é apenas uma pessoa e não precisa de quatro quartos para dormir.

Fazer melhor uso de suas posses faz parte de uma boa administração. Você estará acrescentando valor a algo que estava apenas acumulando poeira.

O que você possui do lado de fora de sua casa? Você possui dois carros, embora só possa usar um de cada vez? Por que desperdiçar seu tempo e dinheiro mantendo dois carros? Esta seria uma boa época para tentar vender um deles. Transforme esse bem em ativo líquido, e ponha-o no banco. Dê ou venda o carro a um sobrinho por um preço que ele possa pagar, para que ele tenha um meio de se locomover para a faculdade.

E aquela pick-up que você comprou faz um tempo? O que poderia fazer com ela? Talvez você possa transformá-la em um negócio seu para os finais de semana, usando-a para fazer mudanças para pessoas que precisem. Você consegue entender o que quero dizer?

Valorize tudo o que você possui. Especialmente em tempos de crise financeira, nunca se sabe o quanto seus bens poderão ser úteis.

Economize, Preserve e Proteja Seus Recursos

Encontro muitas pessoas que têm uma ideia negativa sobre a palavra "economizar". Essas pessoas dizem que não conseguem economizar de modo algum, mas depois de alguns minutos de conversa, elas começam a ver que se mudarem seus hábitos financeiros e protegerem seus bens, conseguirão economizar. Às vezes, recomendo que essas pessoas consultem conselheiros financeiros que possam lhes dar instrução prática. As pessoas precisam de estrutura e de um plano. Elas precisam aprender a ser decisivas ao invés de impulsivas na maneira como lidam com seu dinheiro.

Poupar, preservar e proteger são termos semelhantes. Se você tivesse um quadro à sua frente e eu lhe pedisse para desenhar três figuras que ilustrem essas palavras, provavelmente suas três figuras seriam muito parecidas. Eu desenharia uma pilha de itens com uma cerca protetora em volta. Se eu lhe pedisse para demonstrar, apenas com suas mãos, o significado dessas três palavras, talvez você fizesse gestos indicando um agrupamento de coisas e depois a cobertura das mesmas, como uma galinha reunindo e protegendo seus pintinhos sob suas asas.

É sabido que nós, baamianos, possuímos uma dificuldade em poupar, preservar e proteger. E os americanos ou brasileiros não são diferentes. O Departamento de Comércio do governo dos Estados Unidos possui uma divisão chamada Bureau de Análise Econômica (BAE). O BAE publica um relatório trimestral que aponta o índice de quanto os cidadãos americanos poupam seu dinheiro no banco. Do início de 2005 ao início de 2008, essa taxa era inferior a 1 por cento em quase todos os trimestres. Em um trimestre de 2005, ficou abaixo da linha do zero, o que não havia ocorrido desde a década de 1930, durante a Grande Depressão.

A taxa de poupança subiu ligeiramente quando a crise econômica se intensificou em 2008, mas permanece ainda muito baixa. As pessoas ainda têm vivido de salário em salário, dependendo de cartões de crédito, e torcendo para não perderem seus empregos. Na medida em que as taxas de desemprego aumentam, mais e mais pessoas percebem que deveriam ter feito uma poupança para os dias maus.

As pessoas precisam de novos hábitos na forma como cuidam daquilo que já possuem, e não me refiro apenas a dinheiro. Nossos bens também são nossos recursos. Conforme venho dizendo ao longo deste livro, é importante aprendermos a usar as coisas que já possuímos. Não apenas se desfaça delas para comprar outras novas. Os primeiros colonos, os pioneiros, sabiam o que estavam fazendo quando usavam tudo até quando era possível, consertavam o que se quebrava, e quando já não havia mais uso para uma coisa, eles a reutilizavam com uma finalidade diferente.

Se você tem tido problemas com dinheiro, o que precisa não é uma doação ou um prêmio da loteria. Você precisa de administração. Você precisa aprender a ser um bom mordomo dos seus recursos com a sabedoria de Deus. Você precisa poupar, preservar e proteger a provisão que Ele lhe dá .

Busque o Reino em Primeiro Lugar

Quando aprender a poupar, preservar e proteger seus recursos, você não precisará *acumular* seu dinheiro ou bens. Você é um cidadão do Reino, e o Rei quer que você confie Nele. Você não precisa viver ansioso para economizar o suficiente, nem precisa ficar angustiado em tornar-se um bom administrador dos recursos que Ele lhe deu para cuidar. Ele irá ajudá-lo em todas essas coisas.

Muitos de nós possuímos um entendimento falso de prosperidade. Para começar, pensamos que significa possuir em excesso. Ignoramos as Escrituras que nos alertam sobre os perigos da prosperidade (Talvez achemos que esses versículos de maneira alguma se aplicam a nós, porque mesmo os muito abastados continuam desejando possuir mais e não se sentem prósperos como creem que deveriam ser). A Bíblia relata que as pessoas que são sobrecarregadas com riqueza excedente acabam usando todo o seu tempo e energia protegendo-a. E para quê? Enquanto a riqueza estiver sendo acumulada, ela não poderá fazer bem a ninguém. Dinheiro demais pode lhe trazer muitas dores de cabeça e até levá-lo à depressão. Você porá grades em suas janelas e trancas em suas portas, e ainda passará a noite toda em claro, temendo que alguém possa vir a roubar sua riqueza.

Lembre-se da estória do fazendeiro rico em Lucas 12 e dos avisos no quinto capítulo de Tiago.

> *Ouçam agora vocês, ricos! Chorem e lamentem-se... A riqueza de vocês apodreceu, e as traças corroeram as suas roupas. O ouro e a prata de vocês enferrujaram... Vocês acumularam bens nestes últimos dias... Vocês vi-*

> *veram luxuosamente na terra, desfrutando prazeres, e fartaram-se de comida em dia de abate*
>
> *Tiago 5:1-3, 5*

Depois de narrar a estória do fazendeiro rico que morreu antes que pudesse usufruir de suas riquezas, e após falar sobre como o Senhor dá provisão aos pássaros do céu e aos lírios do campo, Jesus disse o seguinte:

> *Não busquem ansiosamente o que comer ou beber; não se preocupem com isso. Pois o mundo pagão é que corre atrás dessas coisas; mas o Pai sabe que vocês precisam delas. Busquem, pois, o Reino de Deus, e essas coisas lhes serão acrescentadas. Não tenham medo, pequeno rebanho, pois foi do agrado do Pai dar-lhes o Reino. Vendam o que têm e dêem esmolas. Façam para vocês bolsas que não se gastem com o tempo, um tesouro nos céus que não se acabe, onde ladrão algum chega perto e nenhuma traça destrói. Pois onde estiver o seu tesouro, ali também estará o seu coração.*
>
> *Lucas 12:29-34*

Concluindo, tudo tem a ver com o Reino. Quer você viva em pobreza ou riqueza, quer sofra os efeitos da guerra ou usufrua um tempo de paz ininterrupta, Deus quer que você se sinta satisfeito em seu espírito (Fp 4:11). Ele quer que você tome medidas concretas para superar todas as crises e que, por vezes, intercepte a crise antes que ela tenha uma chance de atingi-lo. Porém, mais que tudo, Deus quer que você viva como um cidadão do Reino do Céu, confiante e despreocupado. Mesmo quando estiver trabalhando 16 horas por dia, realmente suando a camisa, você conseguirá usufruir de um espírito tranquilo. Essa é, sem dúvida, a melhor maneira de viver.

Vivendo Pela Fé

Vivemos em uma cultura consumista, constantemente em crise. A sociedade a nossa volta é obcecada com *coisas*. As pessoas estão constantemente cansadas e desgastadas, distraídas e deprimidas, irritadas e apressadas. Elas sofrem de doenças causadas pelo stress, e tratam mal umas às outras.

Mas o Reino de Deus é completamente diferente disso. Todos os recursos de que precisamos nos são providos na medida em que naturalmente vivemos de acordo com o plano e as intenções de Deus. Não devemos buscar o Reino de Deus por conta de seus benefícios, mas seus benefícios com certeza vêm a nós à medida que buscamos o Reino. As provisões e recursos que necessitamos não devem tornar-se os objetos da nossa fé. Ao contrário, eles devem ser os frutos dela.

Os habitantes do Reino possuem fé, e sua fé cresce à medida que eles a exercitam diariamente. Os verdadeiros cidadãos do Reino não tratam sua fé como se fosse uma ferramenta ou um truque. Exercitar a fé não é como fazer uma aposta numa máquina caça-níqueis, onde é possível ganhar ao usar a combinação correta de palavras e ações.

Fé é um relacionamento, ainda que com um Rei invisível. Este nosso Rei tem se comunicado abundantemente com Seu povo, especialmente através de Sua Palavra escrita. Ele apresentou Suas leis e princípios e os fez acessíveis a todos os que têm olhos para ver e ouvidos para ouvir.

O Filho de Deus, Jesus, veio para pregar o Reino de Deus. Ele não confundiu Seus ouvintes quando disse: "Busquem, pois, em primeiro lugar o Reino de Deus e a sua justiça, e todas essas coisas lhes serão acrescentadas" (Mt 6:33). Para um membro da família do Reino, o que realmente vale a pena buscar? Apenas duas coisas: o próprio Reino e a justiça que vem de Deus.

Um membro do Reino não vive exclusivamente em função de seu emprego. Uma pessoa do Reino não vive somente para seu cônjuge ou para ajuntar bênçãos. Um membro do Reino vive para transmitir o amor de Deus à sociedade à sua volta. Uma pessoa do Reino pode até voltar a hábitos antigos de autoproteção, mas logo se lembra que Deus deseja suprir cada uma de suas necessidades.

O Rei é ao mesmo tempo Pai e Salvador. Ele é onipotente, que significa "todo-poderoso". Ele é onisciente, que significa "conhecedor de tudo". Ele é onipresente, que significa que Ele está em todos os lugares ao mesmo tempo.

Portanto, podemos dizer as mesmas palavras que Paulo disse, ao escrever aos cristãos de Roma em seus momentos de crise:

> *Quem nos separará do amor de Cristo? Será tribulação, ou angústia, ou perseguição, ou fome, ou nudez, ou perigo, ou espada? [Em outras palavras, cada uma das crises conhecidas no mundo.] Como está escrito: "Por amor de ti enfrentamos a morte todos os dias; somos considerados como ovelhas destinadas ao matadouro." Mas, em todas estas coisas somos mais que vencedores, por meio daquele que nos amou. [Somos vencedores.] Pois estou convencido de que nem morte nem vida, nem*

> *anjos nem demônios nem o presente nem o futuro, nem quaisquer poderes, nem altura nem profundidade, nem qualquer outra coisa na criação será capaz de nos separar do [invencível e sempre presente] amor de Deus que está em Cristo Jesus, nosso Senhor.*
>
> *Romanos 8:35-39*

Preste atenção às anotações que acrescentei a estes versículos. Essas palavras são muito importantes para os cidadãos do Reino, pois expressam a mensagem deste livro – a mensagem de que não existe crise grande demais para Deus. Ele fará com que Seu povo possa conquistar e vencer qualquer coisa, porque Seu amor não pode ser ofuscado por nenhuma crise.

CAPÍTULO 5

Superando Tempos de Crise

Crises e impasses, quando ocorrem, têm ao menos esta vantagem: forçam-nos a pensar.

– Jawaharlal Nehru

Tudo na vida tem seu tempo, sua estação certa. Não importa onde você viva, as estações vem e vão – o verão, o outono, o inverno e a primavera. Em diferentes regiões do mundo, essas estações possuem características bem diferentes, mas cada uma delas sempre tem alguns aspectos positivos e outros negativos. A vista de sua janela pode ser verde, marrom ou branca, e a temperatura pode ser quente ou fria. O tempo pode estar nublado e chuvoso, ou limpo e seco. Em sua maior parte, essas são diferenças sazonais.

As pessoas estão sempre olhando adiante, com expectativas pela próxima estação, ou a estação depois dessa, e elas se alegram quando alcançam a estação que aguardavam. Agricultores, pescadores e outras pessoas que trabalham ao ar livre provavelmente possuem uma apreciação maior pela realidade das variações sazonais, mas todos nós estamos familiarizados com os padrões típicos de cada estação do ano.

A vida humana parece ser constituída de estações também. Olhando de uma maneira ampla, observamos que o nascimento e a infância são como o tempo de semeadura e o florescer da primavera. Falamos da juventude e do início da vida adulta como sendo um verão longo e fértil. A meia-idade é comparada ao outono, quando tudo está maduro e pronto para a colheita, e quando o crescimento ocorrido no verão se torna mais lento. A velhice é bem semelhante ao inverno, mas mesmo no inverno existem beleza e sabedoria conquistadas com esforço; mais que isso, na velhice existe ainda a esperança de uma nova vida.

Nos altos e baixos de nossas vidas individuais, vemos que cada ano possui suas estações também. As estações de atividade intensa dão lugar a estações de descanso. Estações de serenidade alternam-se com estações de tribulação. Estações de calma são destroçadas por estações de crise. Às vezes, nos movemos de uma estação à outra rapidamente, mas outras vezes parece que a mudança de estações ocorre com uma lentidão angustiante.

Dentro de cada vida, há um fluxo e um refluxo tão certo quanto as marés do mar, e isso independe do fato de uma pessoa ter poucos problemas na vida, ou de sofrer uma calamidade após a outra, mal conseguindo sobreviver a elas. Nossas vidas estão em constante mudança, e da mesma forma que ninguém na terra é imune a crise, ninguém sofre numa crise profunda para sempre.

Sempre Mudando

Algumas pessoas não apreciam mudanças, mas mesmo elas percebem que mudanças periódicas possuem muitos benefícios. As pessoas entendem que a terra precisa de um descanso entre as épocas de cultivo e crescimento, pois precisa reunir nutrientes para a próxima fase. E as pessoas também compreendem que há tempos de abundância, que, ainda que sejam seguidos por tempos de escassez, eventualmente voltarão a ser seguidos por mais tempos de fartura. Cada estação é acompanhada de tipos específicos de beleza, e as pessoas apreciam isso. Deus é Aquele que estabeleceu as estações do ano e criou as diferenças climáticas. Ele fez os trópicos e a Antártida, os oceanos e as montanhas, e Ele é o Pai das mudanças sazonais.

No livro de Eclesiastes, lemos esta conhecida declaração. Você pode substituir a palavra *tempo* pela palavra *estação:*

Para tudo há uma ocasião certa;
há um tempo certo para cada propósito debaixo do céu:
Tempo de nascer e tempo de morrer,
tempo de plantar e tempo de arrancar o que se plantou,
tempo de matar e tempo de curar,
tempo de derrubar e tempo de construir,
tempo de chorar e tempo de rir,
tempo de prantear e tempo de dançar,
tempo de espalhar pedras e tempo de ajuntá-las,
tempo de abraçar e tempo de se conter,

tempo de procurar e tempo de desistir,
tempo de guardar e tempo de jogar fora,
tempo de rasgar e tempo de costurar,
tempo de calar e tempo de falar,
tempo de amar e tempo de odiar,
tempo de lutar e tempo de viver em paz.
Eclesiastes 3:1-8

Você notou quantos desses tempos são tempos de crise? Morrer, arrancar, matar, derrubar, "espalhar pedras", chorar, prantear, desistir de procurar, jogar fora, rasgar, odiar, lutar...

Apesar disso, cada tempo de crise é equilibrado com um tempo de alegria: nascer, plantar, curar, construir, rir, dançar, ajuntar, abraçar, procurar, guardar, costurar, reconciliar, amar, alegrar-se e viver em paz...

E tudo é sazonal, tudo muda; ainda que você esteja hoje em um tempo difícil, em breve verá uma nova estação chegando.

Nada É Permanente – Exceto Deus

Outra forma de explicar as estações é dizer: "Nada é permanente". Embora os ciclos sazonais possam se tornar previsíveis, eles continuam mudando.

Eu deveria alterar essa declaração e dizer que nada é permanente, *exceto Deus e Suas promessas.* As folhas podem cair das árvores, e o tempo pode mudar, mas Deus nunca muda. Ele é o mesmo ontem, hoje e sempre (veja Hebreus 13:8).

Deus, o Imutável, é Aquele que estabeleceu as estações da terra e de nossas vidas que estão em constante mutação. Ele sabia o que estava fazendo e desejava que Seu povo compreendesse que não precisam andar ansiosos por suas vidas. Seja lá o que for que esteja acontecendo com você neste momento, isso não é permanente. Deus está no controle de todas as mudanças. Portanto, não importa o que aconteça – não durará para sempre. Sempre haverá um fim para cada crise.

Não importa se aquilo que está acontecendo em sua vida atualmente lhe parece bom ou mau, pois essa situação mudará eventualmente, e a mudança será orquestrada por seu Deus. As estações são um instrumento de Deus para garantir que haja progresso. Isto significa que a mudança é um dos modos mais consistentes de Deus trazer *esperança*. Portanto, você não deve nunca jogar sua esperança fora, mesmo nas estações mais obscuras de sua vida. Afinal, não importa o quanto você possa passar frio no inverno, você sabe, no fundo, que o verão está chegando. Da mesma forma, quando o inverno chega, você não joga fora suas roupas de praia, pois sabe que um dia será verão outra vez, e você precisará de seus trajes de banho. Mas quando estiver mergulhando na água, em pleno verão, já não precisará mais daquele pulôver de lã que usou no inverno.

O mesmo acontece quando você é atingido por um tempo economicamente "frio", então não jogue fora sua conta bancária, ainda que esta lhe pareça inútil. Deixe algum dinheiro nela para mantê-la aberta. Por quê? Porque está chegando o tempo de acrescentar mais dinheiro a ela. Tudo é sazonal, tudo é temporário – tempos de fartura e tempos de pobreza. O inverno não dura para sempre; nem o verão.

O emprego e o desemprego também são temporários. Se você está hoje desempregado, então um tempo de emprego o aguarda. Se este é o tempo de você deixar seu emprego, então um emprego melhor encontra-se à sua frente. É preciso terminar um capítulo antes de iniciar outro. Na maior parte das vezes, é necessário preparar-se para um capítulo maior e melhor do que o anterior. Para tudo existe um tempo certo; tempos de crise são temporários, e isso é bom.

A Chave Para a Vida É Superar a Estação

Se você se encontra em um tempo de crise, o tempo de espera pela nova estação pode ser bem difícil. É preciso ter mais que resistência e paciência. É preciso ter esperança verdadeira. Se você souber que existe uma luz no final do túnel, e que pode manter Deus ao seu lado lhe ajudando o tempo todo, então você será capaz de superar os tempos mais sombrios.

Se puder manter-se aquecido e resistir durante todo o longo e frio inverno, você conseguirá chegar ao verão. Isto é certo. Enquanto você puder manter suas mãos estendidas na direção do fogo da presença do Reino de Deus, ainda que seu corpo continue frio e trêmulo, certamente você conseguirá resistir até o tremor parar e o sol brilhar novamente.

Sua vida deve ser um caminhar de fé. Como falei no Capítulo 1, nas palavras do apóstolo João: “O que é nascido de Deus vence o mundo; e esta é a vitória que vence o mundo: a nossa fé (1 Jo 5:4). Nossa *fé* é o que nos mantém inteiros mesmo nos momentos ruins. Sua fé forma suas decisões e abastece sua determinação.

Quando João diz que a nossa fé vence o "mundo", ele usa o termo *cosmos* em grego. Esse termo significa os sistemas governantes, os sistemas de influência, os padrões de poder e domínio pessoal. Em outras palavras, é possível vencer o cosmos – as economias e as culturas do mundo. Talvez você tenha que sofrer tribulações por um período, mas a longo prazo, poderá vencer o sistema que está tão falido.

É isso mesmo, o sistema está falido; bancos estão quebrando, companhias de seguro se fechando, o preço do petróleo flutuando, empresas encolhendo - a economia está a caminho da bancarrota. Mas é possível ver tudo isso acontecer e permanecer confiante de que Deus nos mostrará o próximo passo a tomar. Você conseguirá superar esta estação desanimadora, da mesma forma como superou as anteriores.

Nossa tendência é nos apavorarmos rapidamente, gesticulando nossas mãos no ar em um gesto de desespero, ao invés de levantarmos nossas mãos a Deus. Nós precisamos "estar quietos, e ver o livramento do Senhor" (Ex 14:13). Precisamos superar as ameaças e os perigos da estação de crise. O Próprio Senhor nos conduzirá à próxima estação, uma estação de segurança. Você não pode ver a salvação do Senhor, a menos que fique firme; não corra em outra direção, pois Ele o colocou na posição certa. É exatamente aqui o lugar onde você verá e receberá seu livramento desta dificuldade, assim com o povo de Israel viu o Mar Vermelho se abrir, salvando-os das lanças e dos carros do exército egípcio em avanço.

As Estações Incentivam a Planejar Para o Futuro

Durante uma estação de crise, é sábio exercitar nossa fé com o planejamento para a estação futura que nós acreditamos estar chegando. Quando Deus nos livra – não *da* tempestade, mas *ao longo* da tempestade – ganhamos novo ânimo para prosseguir rumo ao futuro. Sabendo que esta estação não durará para sempre, podemos nos preparar para a estação que está por chegar.

Você provavelmente sabe disso, mas a melhor época para comprarmos itens para as festas de final de ano é um ano antes, quando estão em liquidação, logo após o término das festas. Pela mesma razão, a melhor época para se comprar roupas de inverno pode ser bem no meio de um verão escaldante, quando ninguém as procura.

Assim, se a estação for de seca, limpe suas cisternas ou caixas d'água, preparando-se para uma estação de fartura de águas. Em sua estação de prosperidade, economize para a sua próxima estação de escassez. As estações estão sempre mudando.

Coloque sua esperança em Deus. Você sabe por que O chamam de Rocha Eterna? Porque as épocas passam e Ele nunca envelhece. A era da falência passa por Ele, bem como a da fartura, a da submissão, e a da confusão. Independente do tipo da crise, aquela era ou estação passa por Ele também, mas a Rocha permanece firme.

Enquanto você e eu estivermos com Ele e dentro do círculo de proteção Dele, nós resistiremos. Plante seus pés na Rocha e contemple o horizonte brilhante de seu futuro.

Nunca Reaja de Forma Definitiva a um Problema Temporário

Nunca erga suas mãos e diga: "Chega! Acabou. Não vou conseguir." Se você fizer isso, estará transformando uma experiência temporária em uma condição permanente. O que faz você pensar que a estação de crise atual nunca terminará? Ela *terá* fim, pois é apenas temporária.

Não abandone o navio apenas por causa de uma tempestade. Não jogue suas roupas de inverno fora só porque o verão chegou. Tais soluções são definitivas e não são ideais para problemas temporários. Esta estação com certeza dará lugar à outra. Seu choro se transformará em riso.

Não baseie suas opiniões em circunstâncias presentes. Algumas pessoas pensam que o fato de estarem falidas implica em terem feito algo de errado, e que Deus está irado com elas. Isso não é verdade. Esta é apenas uma estação, uma "estação falida". Deus permitiu esta estação a fim de testar sua fé. Sua fé o levará à próxima estação, arrancando-o desta em que está agora. Você não depositou sua fé no dinheiro, não é? Você pôs sua fé em Deus, que é muito mais permanente que o dinheiro. Por isso, esta estação também passará.

Eis a promessa de Deus a Noé e a todos os que O seguiam:

> *Enquanto durar a terra,*
> *plantio e colheita,*
> *frio e calor,*
> *verão e inverno,*
> *dia e noite*
> *jamais cessarão.*
>
> *Gênesis 8:22*

O texto não requer explicações.

Os cidadãos do Reino também devem ser pessoas "sazonais", que não se preocupam quando o céu escurece. Eles sabem que tudo se resolverá com o tempo, e sabem onde devem depositar sua confiança. Eles adquirem muita prática quando colocam sua fé Naquele que inventou as estações.

A Economia do Reino – Uma Perspectiva Sazonal

O que quero dizer é que a economia do Reino é essencialmente sazonal. Estações de crise podem ocorrer, bem como estações sem crise. Você precisa aprender a se mover com elas, mantendo uma fé sempre crescente no Rei. Ele é uma Rocha – resoluto e firme como uma grande pedra no mar, com ondas constantes quebrando sobre ela. Ele é nosso Pai e cuida de nós.

Na economia do Reino, os cidadãos do Reino não devem viver preocupados. Jesus sabia que as pessoas possuem uma tendência à preocupação, e por esta razão, Ele passou um bom tempo explicando porque a preocupação é um elemento desnecessário na economia do Reino dos Céus:

> *Portanto eu lhes digo: Não se preocupem com sua própria vida, quanto ao que comer ou beber; nem com seu próprio corpo, quanto ao que vestir. Não é a vida mais importante que a comida, e o corpo mais importante que a roupa? Observem as aves do céu: não semeiam nem colhem nem armazenam em celeiros; contudo, o Pai celestial as alimenta. Não têm vocês muito mais valor do que elas? Quem de vocês, por mais que se preocupe, pode acrescentar uma hora que seja à sua vida? Por que vocês se preocupam com roupas? Vejam como crescem os lírios do campo. Eles não trabalham, nem tecem. Contudo, eu lhes digo que nem Salomão, em todo o*

seu esplendor, vestiu-se como um deles. Se Deus veste assim a erva do campo, que hoje existe e amanhã é lançada ao fogo, não vestirá muito mais a vocês, homens de pequena fé? Portanto, não se preocupem, dizendo: 'Que vamos comer?' ou 'Que vamos beber?' ou 'Que vamos vestir?' Pois os pagãos é que correm atrás dessas coisas; mas o Pai celestial sabe que vocês precisam delas. Busquem, pois, em primeiro lugar o Reino de Deus e a sua justiça, e todas essas coisas lhes serão acrescentadas. Portanto, não se preocupem com o amanhã, pois o amanhã trará as suas próprias preocupações. Basta a cada dia o seu próprio mal.

Mateus 6:25-34

Você não deseja ser como os pagãos, deseja? O texto acima diz: "Pois os pagãos é que correm atrás dessas coisas [preocupando-se com os detalhes de suas vidas]; mas o Pai celestial sabe que vocês precisam delas". Os pagãos ficam ansiosos, apavorados e deprimidos – entram em pânico. Não conseguem dormir a noite, e não possuem ninguém em quem confiar. Mas você tem Alguém em Quem confiar – sua confiança está no Próprio Deus. Portanto, não fará diferença o momento quando a tempestade começar a soprar, pois você conhece dois fatos importantes: Deus está no controle, e Ele tomará conta de você. Ele sempre tomou e sempre tomará conta de você. Ainda que uma crise se apresente a você completamente diferente das outras, com certeza ela não será novidade para Deus. Ele sabe como tudo acabará desde o início. Por isso, Ele transformará este tempo de tristeza em um tempo de regozijo. É assim que a economia Dele funciona.

Fé e Obras

Na economia do Reino, *fé* e *trabalho* andam de mãos dadas. Sua fé como um cidadão do Reino deve ser *ativa*. Você provavelmente já substituiu a incredulidade (falta de fé) que possuía quando era pagão (o que, na verdade, era preocupação) por uma fé ativa.

Algumas pessoas creem, erroneamente, que "fé" é algo passivo. Pensam que quanto menos fizerem melhor será. Mas não é isto o que o apóstolo Tiago pensava. Ele encorajou as pessoas a apoiarem sua fé em trabalho árduo. Ele desejava que a fé e o trabalho fossem mesclados:

> *De que adianta, meus irmãos, alguém dizer que tem fé, se não tem obras?*
> *Acaso a fé pode salvá-lo? Se um irmão ou irmã estiver necessitando de roupas*
> *e do alimento de cada dia e um de vocês lhe disser:*
> *"Vá em paz, aqueça-se e alimente-se até satisfazer-se", sem porém lhe dar nada,*
> *de que adianta isso? Assim também a fé, por si só, se não for acompanhada de obras,*
> *está morta.*
>
> *Tiago 2:14-17*

Tiago possuía uma impressão bem ruim das pessoas que apenas acreditam em Deus. Como ele mesmo dizia: "Até mesmo os demônios creem" (Tg 2:19). Ele esperava que a fé das pessoas – que é invisível – resultasse em ações visíveis ou coisas que aparecem: "Assim como o corpo sem espírito está morto, também a fé sem obras está morta" (Tg 2:26).

Não é possível vencer uma crise apenas pela fé. Se você crê que Deus lhe dará livramento nesta estação de crise, então comece a trabalhar enquanto espera. Deus tem coisas para você fazer.

Trabalho e Unidade

Na economia do Reino, as pessoas encontram unidade em meio ao tempo de crise. Isso faz sentido porque as pessoas usufruem de unidade quando trabalham juntas. É impossível ajudar seu próximo sem desenvolver um grau de unidade e um senso de comunidade.

Em tempo de crise, há sempre algo a ser feito. Não há tempo para escolher o quê fazer e com quem fazê-lo.

Digamos que eu você moremos no mesmo prédio. Eu moro no apartamento acima do seu, mas nós não nos falamos. Aliás, não gostamos muito um do outro; simplesmente nos toleramos. Nossa disposição de coração um para com o outro não é boa. Uma noite, porém, um incêndio tem início e o prédio está ardendo em chamas. Então eu pego um balde, você pega outro, e começamos a trabalhar juntos: "Você pega a água; eu seguro o balde..., etc." Nossas crises em comum forçam inimigos a se tornarem amigos. Quando o barco está afundando, todos começam a jogar a água para fora do barco. Da mesma forma, quando o sistema financeiro está afundando, devemos ajudar uns aos outros.

Uma crise gera um senso de comunidade porque quando as pessoas experimentam tribulação juntas, elas se veem obrigadas a se relacionarem bem. Esta é uma das vantagens de uma situação ruim.

Unidade e Empatia

Em uma crise, a economia do Reino produz empatia. Por vezes, você tem sido tão bem sucedido há tanto tempo, que nem sabe mais como sentir a dor de outras pessoas. Você se torna insensível em relação a elas.

Deus está, na verdade, lhe fazendo um favor quando permite que você sofra algum tipo de perda, a fim de que você seja lembrado do quanto sua riqueza é temporária. Quando você se encontra, para variar, na posição de precisar receber ajuda de outras pessoas, você começa a apreciar as pessoas novamente. Sua crise pessoal consegue devolver a você sua humanidade. Você se identifica com outros; você os compreende. Você ama e se torna disposto a socorrer a outros. Você passa a usufruir o sentimento de solidariedade que havia perdido. Pode até ser que passe a gostar de pessoas novamente.

Quando a crise vem, você se vê obrigado a encarar os fatos básicos da vida. Talvez estivesse habituado a passar todo o seu tempo em busca das "coisas melhores da vida". As coisas básicas, como comida, abrigo, etc., sempre lhe foram supridas automaticamente, e você não tinha paciência alguma com pessoas que pareciam ser incapazes de prover para suas famílias.

Em qualquer crise, mas especialmente na financeira, você se vê forçado a estabelecer novas prioridades em seu dia-a-dia. Você desiste de comprar um novo Ipod, porque agora precisa gastar seu dinheiro em comida. Você já não é tão ocupado, então agora tem até tempo para ir à igreja. A crise o conduz de volta à espiritualidade. Ela o conduz de volta às pessoas e às coisas que realmente possuem valor. Você passa a ter tempo para conversar com seu vizinho: "Como vão as coisas?" E desta vez, não faz isso apenas como um gesto de educação. Você fala de coração, pois agora realmente *se importa* com a vida de seu vizinho. Ele cuida de você e você dele.

Novas Perspectivas

A forma como as estações de crise estabelecem novas prioridades em nossa vida é simples: uma crise tem o poder de fazer você voltar a entender o que é realmente importante. A prosperidade é perigosa pois pode fazê-lo esquecer Quem é a sua fonte. Deus é a fonte da prosperidade, e por vezes Deus se afasta de você para que você possa voltar para Ele. Ele esconde Suas mãos para que você possa retornar procurando-as. Ele permite que você experimente a noite escura para que você possa voltar a ser grato pela luz do dia.

As estações de sucesso não duram para sempre. Se Deus nos permitisse viver em sucesso o tempo todo, nós nos esqueceríamos dos principais interesses de Seu Reino. Ele não está interessado em quanto você possui no banco, mais do que naquilo que você tem feito com esse dinheiro. Ele não se importa com o título a frente de seu nome; Ele Se importa com seu coração. Por esta razão, Ele permite que estações de sucesso sejam alternadas com estações de fracasso. Portas que antes estavam abertas estão agora fechadas. Coisas que antes eram sadias, agora estão doentes.

Tudo isso pode abalar você, mas esse abalo lhe mostrará o que realmente é importante, e o reposicionará na direção correta, se isto for necessário. Uma crise exige que você use seu potencial escondido e revela suas verdadeiras crenças e convicções. A crise mostrará a você o que é ou não "abalável". Tudo o que estiver situado na Rocha não será abalado; pelo contrário, só crescerá melhor e mais forte.

Talvez você chame a isso de uma experiência terrível, mas Deus diz que a crise é apenas um ponto luminoso em Sua tela de radar – um incidente. Você sabia que uma crise na terra é meramente um incidente no Céu? É uma questão de perspectiva.

O que você considera uma crise, Deus vê como uma oportunidade de crescimento. O que você considera humilhante, Ele vê como uma ocasião para o desenvolvimento de uma liderança humilde. Tudo depende de como você vê as coisas. Qual é a sua perspectiva?

Sua perspectiva tem o poder de determinar se você ficará ou não atolado em um buraco. O país das Bahamas é constituído de ilhas. Por um longo tempo, uma dessas ilhas era denominada "Hog Island" (Ilha dos Porcos). Alguém deu a ela esse nome e ela constava no mapa assim. Até que um dia um homem disse: "Não gosto desse nome... esse nome não é bom" e renomeou a ilha como "Paradise Island" (Ilha Paraíso). Hoje, é possível ver a Ilha Paraíso no mapa. Quando seu nome era Hog Island, a ilha não tinha nada além de fazendas. Hoje ela possui algumas das propriedades mais caras do país.

Uma vez, quando eu era pequeno e parte de uma família pobre, li este provérbio que me deixou muito irado: "O rico e o pobre têm isto em comum: o Senhor é o Criador de ambos" (Pv 22:2). Para mim, aquilo significava que Deus fez os ricos e os pobres, e o problema era que eu era um dos pobres, e não havia nada a ser feito a respeito. Fiquei irado com Deus porque Ele não me havia criado como um dos ricos.

Continuei lendo e vi que o próximo versículo fala a respeito de perspectiva: "O prudente percebe o perigo e busca refúgio; o inexperiente segue adiante e sofre as consequências (Pv 22:3). Em outras palavras, uma pessoa interpreta sua situação de acordo com o modo como *vê* as coisas. Sentir-se pobre é um resultado de como você vê a vida. O mesmo vale para sentir-se rico. E o versículo seguinte resume tudo: "A recompensa da humildade e do temor do Senhor são a riqueza, a honra e a vida" (Pv 22:4).

Crise e Oportunidade

Não basta interpretar sua situação atual com precisão de acordo com os termos do Reino; é igualmente importante ser capaz de perceber e aproveitar oportunidades. Lembro-me de uma história verdadeira de dois jovens que frequentavam a Universidade do Sul da Califórnia. Decidiram fazer uma viagem juntos em suas férias de verão. Então economizaram dinheiro para ir para a Índia, e passaram o verão todo com suas mochilas nas costas, pegando trens e visitando cidades e o campo.

Viram milhões de pessoas pobres. Eles nunca haviam visto tal pobreza antes, nem tanta sujeira. Ficaram impactados. Um dia, quando estavam em um albergue, um dos jovens olhou através da janela no segundo andar do prédio. Até onde seus olhos conseguiam enxergar, ele só podia ver indianos atingidos pela pobreza; pessoas descalças, vivendo na lama. Os homens não vestiam camisas e as crianças andavam nuas. Moscas apinhavam-se em redor e sobre eles.

Ele disse para seu amigo: "Puxa, cara, olha só toda essa gente pobre. Eles não têm sapatos e mal têm roupas."

Seu companheiro veio até a janela e disse: "É mesmo. Que lugar perfeito para abrir uma fábrica de sapatos!" Foi só isso o que ele disse.

Os dois jovens voltaram para casa e para a faculdade. Ambos assistiam às mesmas aulas; estavam cursando administração de empresas. Durante as aulas, o segundo rapaz não conseguia pensar em outra coisa senão nas imagens da Índia. Ele pensava em todos aqueles pés descalços. Então, um dia, sentado nos fundos da sala de aula, ele começou a rabiscar em um pedaço de papel.

Ele acabou desenhando um par de sapatos que podiam ser feitos de plástico e produzidos em massa. Decidiu abandonar os estudos, mesmo contra o conselho de todos, porque ele estava obcecado com a ideia dos sapatos para a Índia. Seu amigo lhe disse: "Você está louco. Você precisa permanecer na escola e conseguir um emprego para ganhar a vida."

Mas o jovem tinha essa ideia fixa e decidiu ver o que podia fazer a respeito. Ele conseguiu alguém para fazer-lhe um protótipo, e encontrou uma empresa que poderia fazer os sapatos por 15 centavos o par. Ele foi, então, falar com um amigo de seu irmão para obter um financiamento inicial. O amigo de seu irmão perguntou: "Você tem mercado para esses sapatos?"

"Sim, eu tenho um mercado – milhões de Indianos descalços. Eu tenho um grande mercado na Índia. Se fizermos estes sapatos por 15 centavos o par, poderemos exportá-los para a Índia e vendê-los por 50 centavos; aí teremos um negócio de sapatos em andamento." O amigo de seu irmão gostou da ideia. Dentro de 12 meses, eles conseguiram produzir mais de 3 milhões de pares de sapatos, e enviaram-nos a algumas das grandes cidades na Índia. Aquele jovem se tornou um milionário em um ano. Ele nunca mais voltou para a escola. E no ano seguinte, quando seu amigo se graduou na faculdade, ele o contratou para ser seu contador.

Como você viu, a diferença entre aqueles dois jovens estava naquilo que cada um conseguia *enxergar* através daquela janela. Ambos possuíam diante de si a mesma cena – quilômetros de pessoas descalças. Mas enquanto um somente conseguia ver homens, mulheres e crianças pobres e descalços, o outro conseguiu enxergar algo mais – um modo de ajudar as pessoas, e um modo de ele mesmo progredir. Um viu uma situação de crise; o outro viu, ao invés disso, uma oportunidade. Era uma questão de perspectiva, visão e trabalho árduo.

Aquele jovem viu uma necessidade humana e descobriu uma maneira de ajudar a sanar aquela necessidade. Se você está atualmente em um tempo de crise financeira, olhe em volta para descobrir como você pode suprir uma necessidade humana. As necessidades humanas nunca mudam. Não importa o ambiente, os humanos precisam de certas coisas, e se você for capaz de se envolver em suprir necessidades humanas, sua crise financeira será apenas temporária. Em todos os cantos do mundo, as pessoas precisam de água, comida, roupas e segurança.

Você já observou que quando a economia desmorona, certos tipos de emprego permanecem firmes? São empregos que suprem necessidades humanas na profissão médica e na agricultura, empregos que oferecem aconselhamento e ajuda emocional, além de serviços funerários. Os empregos que dependem de bens e serviços luxuosos podem acabar, mas mesmo em uma economia ruim, as pessoas precisam comer. Talvez elas desistam de ir a um restaurante cinco estrelas, mas não descartarão uma lanchonete.

A Semente Está Dentro de Você

Deus lhe dará ideias e a habilidade de trabalhar. Ele permitirá que seu mundo seja abalado, a fim de despertar as sementes. Ele planta sementes em sua mente e coração e quer que elas cresçam. Esta pode ser a sua estação para plantar algo novo. Sua semente é seu propósito e sua paixão. Falaremos mais sobre isso no próximo capítulo, mas agora desejo que você compreenda a conexão entre *estações* e *sementes*.

Uma estação de crise, turbulência e seca sempre traz em si uma estação de fartura. Depois de ter descoberto sua semente, trabalhado o solo e plantado, a estação das chuvas virá e a regará. Sua semente crescerá e se tornará uma planta saudável.

Em toda semente existe uma floresta. Os propósitos de Deus estão dentro de você; para plantar essa semente basta obter a mistura correta de abalo resultante da crise e a fé na Palavra de Deus. Você nasceu com talentos naturais para fazer algo que o mundo precisa, e Deus deseja lhe mostrar o caminho de oportunidade dentro de você, ainda que se sinta numa rua sem saída.

Qual é sua semente atualmente? Pode ser aquela ideia

que não sai de sua cabeça, aquilo que você continua pensando em fazer (Se você tem pensado em roubar um banco, sugiro que mude de ideia.)

Você nasceu com sementes em seu interior e com tarefas a cumprir. Seu futuro não está diante de você em algum lugar; ele está preso dentro de você. Deixe a crise libertar seu futuro. Tome-o e plante-o com fé e trabalho. Dedique-se, junte-se a outras pessoas e aguarde a nova estação. O Salmo 1 ilustra bem como as pessoas podem crescer na estação certa:

Como é feliz aquele que
não segue o conselho dos ímpios,
não imita a conduta dos pecadores,
nem se assenta na roda dos zombadores!
Ao contrário, sua satisfação está na lei do Senhor,
e nessa lei medita dia e noite.
É como árvore plantada à beira de águas correntes:
Dá fruto no tempo certo
e suas folhas não murcham.
Tudo o que ele faz prospera!

Salmo 1:1-3

Mesmo para a árvore plantada à beira de águas correntes existe uma estação quando não há fruto algum. Você pode estar vivendo uma vida justa, trabalhando arduamente, e ainda assim não estar vendo nenhum resultado. Você pode estar coberto de folhas, mas ninguém pode comer suas folhas. Talvez você chegue a pensar: "*Minha fé ainda está arraigada. Minhas raízes estão ainda à beira da água da vida. Tenho trabalhado arduamente. Ainda estou vivo, mas não tenho dado fruto algum.*"

No entanto, prometo-lhe que chegará a estação quando você poderá alimentar a outros. A fertilidade é um benefício sazonal. Continue crescendo.

As sementes nunca entram em recessão ou hesitam em crescer, dadas as condições favoráveis. Mesmo no Haiti, que é o país mais pobre no Hemisfério Ocidental, as sementes crescem normalmente. Se você plantar uma semente no Haiti, o mais provável é que ela brote.

A estação mudará; uma estação de crescimento fértil está chegando. Sua condição atual de crise não é permanente. Deus assim o diz:

> *Eu as abençoarei e abençoarei os lugares em torno da minha colina. Na estação própria farei descer chuva; haverá chuvas de bênçãos. As árvores do campo produzirão o seu fruto, a terra produzirá a sua safra e as ovelhas estarão seguras na terra. Elas saberão que eu sou o Senhor, quando eu quebrar as cangas de seu jugo e as livrar das mãos daqueles que as escravizaram. Não serão mais saqueadas pelas nações, nem os animais selvagens as devorarão. Viverão em segurança, e ninguém lhes causará medo.*
>
> *Ezequiel 34:26-28*

CAPÍTULO 6

O Princípio da Semente

As sementes da fé estão sempre dentro de nós; às vezes, é necessário passar por uma crise para que elas sejam alimentadas e possam crescer.

—Susan Taylor

Em tempo de crise – ou em qualquer outro tempo – o segredo para prosperar é entender o segredo de ser fértil. Esse segredo é melhor compreendido em termos do que eu chamo de *o Princípio da Semente*.

Isso se reporta a Adão e Eva no Jardim, onde Deus disse aos seres humanos como Ele desejava que Eles vivessem na terra. O Capítulo 3 fala sobre como Deus deu a Adão o que eu chamo de "Mandato da Administração" para a humanidade. O que foi que Deus disse? Ele disse a Adão: "Seja fértil; multiplique-se; reproduza-se; encha a terra. Subjugue e exerça domínio sobre tudo o que criei" (Veja Gênesis 1:28).

Deus deu a Adão algo para ele administrar – o Jardim, que estava cheio de plantas e criaturas que Ele havia acabado de criar. As plantas e os animais não podiam tomar conta de si mesmos e Adão não poderia negligenciá-los. Ele precisava zelar por eles e ajudá-los a ser tão férteis quanto possível.

Adão respirou fundo e começou a aprender o que aquilo significava. Ele nunca havia visto uma planta ou uma árvore antes. Ele não tinha ideia de como elas davam frutos, e não tinha noção de que dentro de cada fruto havia uma semente que continha o DNA específico para reproduzir a planta de onde a semente havia saído. Ele nem sabia que poderia comer os frutos até que Deus lhe deu instruções para fazê-lo. Mas não levou muito tempo para Adão aprender que parte de seu trabalho de administração implicava em cuidar das sementes, caso contrário, aquelas "coisas verdes" não poderiam se reproduzir e dar frutos. Em relação às plantas e árvores, Adão logo descobriu o que os termos "multiplicar", "reproduzir" e "encher" significavam. Embora realmente não compreendesse tudo, quando ele e Eva produziram seu primeiro filho, Caim, e depois mais tarde, Abel, o mesmo "princípio da semente" estava em operação. Este era o padrão que Deus havia estabelecido para a vida.

Seja Fértil

Muitas e muitas gerações mais tarde, Deus olha pra você, hoje, e lhe diz: "Seja fértil." Ele não lhe pede para ir procurar sementes em algum outro lugar. Ele presume que você já esteja carregando a semente em si mesmo. Há cerca de 6.7 bilhões de recipientes de sementes sobre a terra hoje, e um deles está sentado em sua cadeira agora. Você não veio ao mundo vazio. Deus nunca exigirá de você o que Ele não provê, ou pedirá algo que Ele não tenha preparado antes.

Qual vem antes, a semente ou o fruto? A semente. No entanto, Deus não nos diz: "Seja cheio de semente". Ele espera que a semente cresça e se torne uma planta frutífera, e só então Ele diz: "Seja fértil." A implicação aqui é que Deus já lhe deu a semente e você carrega em si algo com o que pode reproduzir vida. A semente está em você.

Não estou falando de crianças, mas sim do seu futuro que ainda está em forma de semente. Aliás, sua fertilidade futura já está começando a germinar. Você consegue sentir sua semente? Se estiver no ambiente apropriado, a semente crescerá rapidamente. O Reino de Deus é o melhor de todos os meios para a fertilidade e o crescimento. Se fizer um bom trabalho em administrar o crescimento de sua semente (o que envolve obediência ao Mestre Jardineiro), você será capaz de crescer e atingir todo o seu potencial maduro no Reino. Você conseguirá cumprir o propósito para o qual Ele o criou.

Isso é a verdadeira fertilidade.

Multiplique-se

Quando planta uma semente de manga, você nunca obtém apenas uma manga como resultado. Você obtém centenas delas, ou milhares. É claro que você obterá o mesmo tipo de fruto que plantou inicialmente, mas ele será multiplicado mil vezes. A semente possui certos atributos, e um deles é o da multiplicação. Cada semente carrega dentro de si a vida e o potencial para o crescimento. Cada semente produz frutos segundo sua própria espécie, e cada uma delas é um dom de Deus. No ambiente propício, e com uma dose de administração divina, a semente pode crescer, amadurecer e dar frutos. A semente inicial não produziu frutos maduros para si mesma. Ela desapareceu e agora tudo o que você vê é o fruto multiplicado resultante daquela semente original. Do mesmo modo, o fruto novo gera uma nova semente à medida que amadurece.

Nunca me esquecerei do que Oral Roberts, meu pai na fé, nos disse em 1976, durante um estudo devocional na Universidade Oral Roberts. Ele disse: "Quando você não consegue suprir sua necessidade, transforme-a em uma semente." Como aluno, tomei posse daquela palavra, pois eu não possuía condições de pagar minha mensalidade. Então, peguei o pouco dinheiro que tinha e levei-o ao altar como oferta. Eu disse: "Deus, esse dinheiro não é suficiente para eu pagar minha mensalidade, então é melhor que eu o dê."

Sabe o que aconteceu? Dois dias mais tarde, um envelope apareceu em minha caixa postal, vindo do nada, com uma quantia duas vezes maior do que eu precisaria para pagar minha dívida. Isso é o que eu chamo de multiplicação! Eu semeei um pouco de semente, e ela se multiplicou em resposta à minha oração.

O Dom da Semente

Através do Princípio da Semente, Deus sustenta a vida. Se as sementes forem administradas apropriadamente, a vida nunca acabará. Estação após estação, tudo crescerá e dará mais fruto.

Jesus nos ensinou a orar: "O pão nosso de cada dia, dános hoje", mas como você bem sabe, Deus não possui pão crescendo em árvores. Ele não nos dá o pão imediatamente; Ele nos dá a semente, o trigo, a aveia, a cevada, e outros tipos de sementes que reproduzem grãos suficientes para passarem por um processo de trituração, a fim de produzir farinha, que por sua vez, é transformada em pão.

É bom lembrar isso quando oramos por algo e a resposta de Deus parecer bem diferente daquilo que oramos. Sabemos que Deus não comete erros. Será mesmo que Deus supriu toda a *semente* de que precisamos? Será que realmente precisamos cuidar dessa semente pacientemente até que ela se reproduza? Será que, a fim de finalmente recebermos aquilo que pedimos a Deus, precisaremos passar por algum processo de trituração (em forma de crise)?

Você orou por dinheiro, Deus lhe deu um emprego. É isso mesmo; seu trabalho árduo é o processo de cultivo. Você colherá o dinheiro pelo qual orou. Você orou pela colheita, ou seja, o produto final, e não é errado orar assim. Mas não se surpreenda quando a resposta que receber de Deus vier na forma de uma semente com o potencial de produzir a colheita. Deus pode empregar você para semear e depois para tomar conta da semeadura até que esta cresça. Só então você poderá ter sua colheita, mas com ela virá a ideia de semear mais sementes, num processo contínuo.

Você orou para se tornar um verdadeiro cidadão do Reino. Ao invés de transformar você instantaneamente em um crente maduro, Deus apenas enviou uma crise à sua vida. O que está acontecendo? No meio do fogo, Deus intenciona purificar você. Ele quer que você saia forte e reluzente, para que possa, como um verdadeiro cidadão do Reino, reproduzir vida generosamente. Veja esta passagem das Escrituras que resume tudo o que tenho dito:

> *Aquele que supre a semente ao que semeia e o pão ao que come, também lhes suprirá e multiplicará a semente e fará crescer os frutos da sua justiça. Vocês serão enriquecidos de todas as formas, para que possam ser generosos em qualquer ocasião e, por nosso intermédio, a sua generosidade resulte em ação de graças a Deus.*
>
> *2 Coríntios 9:10-11*

Entenda o que quero dizer. Deus não nos dá o pão já pronto para ser consumido. Ele nos dá a semente. Isto mostra que Ele é um Pai sábio. Você sabe, tão bem quanto eu, o que acontece quando damos pão a um pedinte. Pode resolver o problema dele de fome por um dia, mas o que será do amanhã? Pouco tempo depois de ter comido o pão, ele voltará à sua porta, pedindo por mais. É muito melhor ajudar esse pedinte a conseguir um trabalho para que ele possa comprar seu próprio pão. Pode levar algum tempo, mas o resultado será melhor.

Se eu lhe der uma semente, ela se reproduzirá e multiplicará e lhe proverá alimento pelo tempo que você precisar. Ela o capacitará a ser generoso, para que você possa "semear" na vida de outra pessoa. É assim que acontece com Deus também.

Cheio de Sementes

Eu mencionei que sua "semente" é muito mais que sua habilidade de produzir filhos; ela é também seu potencial inato, que tem o objetivo de conduzi-lo ao destino para o qual você foi criado por Deus. Todo mundo possui algum tipo de semente. Essa semente é uma semente de potencial, propósito e paixão; essa semente contém seu futuro. Como disse no capítulo anterior, "Em cada semente existe uma floresta".

Não permita que a semente permaneça sendo apenas uma semente. É importante que você a encontre, a plante e a nutra até que ela alcance a maturidade. Se fizer isso, sua semente certamente se multiplicará grandemente.

Essa semente dentro de você são *ideias*. Você ora por pão e Deus lhe envia uma ideia. Você ora por dinheiro e Deus lhe dá uma ideia. Você ora por recursos e Deus envia outra ideia.

Se estiver prestando atenção e não for preguiçoso como muitos cristãos o são – que ficam sentados, só aguardando o milagre acontecer – você perceberá que Deus já supriu as sementes para o seu milagre.

Por exemplo, você pede a Deus por uma promoção e Ele lhe faz uma sugestão: "Deixe-me dizer o que você deve fazer: venha para o trabalho mais cedo e saia mais tarde, mas não peça para ter suas horas extras pagas. Deixe que vejam sua dedicação."

Você diz: "Ah, não, Deus! Não foi isso que eu disse que queria fazer. Eu só quero uma promoção e mais dinheiro."

Deus diz: "Você não Me ouviu. Eu acabei de lhe dar uma semente. Agora vá e plante-a." Não basta estar "cheio de sementes." A semente ainda não é o fruto. Você precisa fazer algo com sua semente.

Você não chegará muito longe se abortar o processo. Não se torne como o mendigo, cujas provisões acabam diariamente. Ele não parece interessado em tomar posse da semente dele, já que nunca a planta. Com o passar do tempo, será impossível para o mendigo fazer qualquer coisa a esse respeito.

Estar cheio de sementes envolve criatividade. Ser criativo faz parte da definição de uma semente – criar nova vida e reproduzir-se. Reunidas dentro de você há sementes que podem gerar uma nova vida. O ponto crítico é lançar mão de cada semente – aquela ideia – e fazer algo com ela. Contudo, com muita frequência, as pessoas não o fazem.

Um dos ambientes mais propícios para a criatividade é um ambiente de crise. Durante uma crise você se sente motivado a mudar. É aí que você clama a Deus em oração, e é aí que você presta atenção àquilo que Ele lhe diz.

Quando você se vir num tempo de crise, não presuma que sua fertilidade está em risco. Muito pelo contrário, sua fertilidade está prestes a aumentar. Em tempo de crise, você se esforçará mais por encontrar boas ideias. Você avaliará seus talentos naturais e se disporá a trabalhar mais e por mais tempo. Sua tendência não será a de ser preguiçoso, porque você estará motivado a sair dessa situação desconfortável de crise. Você não terá tanto receio de arriscar-se porque não terá muito a perder.

Portanto, nunca subestime o valor de uma crise. Imite seu Pai. Quando a terra era "sem forma e vazia" – um caos – Ele foi criativo e plantou sementes. Ele continua fazendo isso até hoje, através de pessoas como você e eu. Sob a direção Dele, podemos pegar uma crise caótica (uma confusão) e transformá-la em bênção. Você pode transformar a carência em abundância.

Sua Semente Futura

A chave de sua vida é descobrir, desenvolver e servir sua semente. Desejo ajudá-lo a fazer isso porque quero que as pessoas comam de seu próprio fruto.

Pessoas chegarão a pagar para obter o fruto que você oferecer, pois realmente desejarão aquilo que você tem a dar. Quando escolhe determinado posto de gasolina para abastecer seu carro, você não faz isso porque gosta do proprietário do posto, mas porque ele tem algo para oferecer que você precisa. Você está disposto a pagá-lo a fim de obter o que ele oferece. O proprietário do posto não precisará se preocupar com a possibilidade da crise econômica privá-lo de seu sustento porque ele tem suprido algo de que as pessoas realmente precisam. As pessoas não bebem gasolina, mas seus carros sim, e as pessoas querem que seus carros funcionem. De alguma forma, as pessoas acharão uma maneira de pagar pela gasolina. O "fruto" do proprietário do posto atrai os recursos das pessoas, ou seja, seu dinheiro. O fruto dele nunca entrará em recessão.

Quando encontrar sua semente e cultivar seu fruto, você começará a sentir-se satisfeito. Você estará cumprindo seu propósito e satisfazendo sua paixão. Você terá encontrado o dom com que nasceu, e começará a pisar no futuro que Deus sempre pretendeu que você tivesse.

Você sempre terá o dom que recebeu ao nascer, ainda que só o descubra quando tiver 99 anos de idade. É impossível perder sua semente.

Mas é muito triste quando as pessoas atingem o fim de uma vida longa sem nunca terem feito nada a respeito de sua semente. Essas pessoas simplesmente existiram, conseguiram sobreviver. Talvez tenham até produzido alguns filhos, mas não reproduziram a vida do Reino. Seu destino futuro permaneceu preso dentro delas durante anos. Mesmo quando as tempestades de crise vieram e os incêndios de crise arderam, essas pessoas não conseguiram perceber qual era a sua semente. Essas pessoas sempre acharam que vencer a crise era responsabilidade de outros, não delas. Durante o tempo todo, elas nunca perceberam que a crise talvez fosse a maneira de Deus chamar sua atenção. Nunca compreenderam que a crise tinha como intenção modificá-las e moldá-las para que se tornassem pessoas segundo o projeto de Deus. Pessoas assim, que nunca alcançam o futuro de Deus para elas, estão por todo lugar. Talvez a maior parte das pessoas que você conhece seja desse tipo. São como formigas, trabalhando duro o dia inteiro a fim de obter uma migalha. Mesmo quando Deus tentou despertá-las com uma forte sacudida, elas permaneceram adormecidas para o seu potencial. Não que Deus não tenha tentado; Ele está sempre tentando despertá-las. Ele escondeu o futuro delas bem debaixo de seus narizes e não deseja que elas o percam de vista.

Entretanto, as pessoas costumam fechar seus olhos diante de uma crise desagradável. Elas não conseguem enxergar além de suas circunstâncias imediatas e certamente não são capazes de localizar as ideias inovadoras que ainda permanecem em forma de semente dentro de seus corações e mentes (Aliás, creio que nosso sistema educacional e nossas carreiras exigentes exercem um papel fortemente negativo no sentido de obscurecer nossa compreensão do propósito para o qual Deus nos criou. Somos instruídos a seguir um caminho em particular que está desgastado, ao invés de seguir nossas paixões. A maioria de nossas escolhas em relação à educação e carreira centraliza-se na ideia de outros do que seja melhor para nós. Escolhemos carreiras com base em interesses monetários, mais do que em satisfação pessoal. Infelizmente, só conseguimos nos dar conta disso quando a coisa toda desmorona e nos vemos sem nenhum senso de satisfação).

As pessoas com maior probabilidade de encontrarem e cumprirem seu destino divino são os crentes, especialmente aqueles que guardam a Palavra de Deus no coração e que desejam que Deus os ajude a crescer. Essas são as pessoas que conseguem enxergar as sementinhas que nem sequer germinaram ainda. São essas as pessoas com capacidade para identificar os dons que Deus lhes deu e as únicas que conseguem obedecer aos toques de Deus sugerindo que sigam suas paixões.

Embora seja verdade que ninguém é capaz de tirar seu dom (sua semente), também é verdade que você é o único responsável por aquilo que acontece com ele. Você possui livre arbítrio e pode escolher - ou não - desvendar seu dom, cultivá-lo, desenvolvê-lo e refiná-lo. Se você não fizer nada com seu dom, ele permanecerá dormente dentro de você. Ninguém pode tirá-lo de você, mas você se tornará culpado por apenas entesourá-lo. Deus terá que encontrar outra pessoa para cumprir o propósito para o qual *você* foi criado. Outra pessoa terá a experiência maravilhosa de encontrar satisfação e de ser capaz de oferecer ao mundo algo exclusivo.

Eu disse anteriormente que sua semente crescerá melhor se estiver dentro do ambiente correto. O que pretendo fazer nas páginas deste livro é prover-lhe um "fertilizante". Não é necessário que você manipule a semente dentro de você para que ela cresça. Se você apenas permitir que as condições ideais prevaleçam, sua semente começará a germinar por si só. Você será como uma semente de manga que tem dentro de si uma árvore inteira. Assim que a semente atingir o solo correto, a árvore estará a caminho. Também pretendo lhe dar uma perspectiva nova sobre as circunstâncias de sua vida – as boas e as más.

Às vezes os fertilizantes possuem um cheiro ruim – você já percebeu isso? Pois bem, essa crise mal-cheirosa na qual você acabou de entrar pode vir a ser o ambiente perfeito para cultivar sua semente. Tudo o que você precisará é permissão.

Os propósitos de seu coração são como um poço profundo cheio de água; você precisará de alguma ajuda para puxá-los para fora (Veja Provérbios 20:5) Você precisará de encorajamento e de permissão, então estará livre para afastar tudo o que estiver impedindo essa semente de crescer.

O Que Você Possui?

Olhe para dentro de si mesmo e peça a Deus que ilumine seu interior. O que você vê? Vê algo parecido com uma semente? O que você possui? Quando Deus fez essa pergunta a Moisés, os resultados foram milagrosos:

> *Então o Senhor lhe perguntou: "Que é isso em sua mão?"*
> *"Uma vara", respondeu ele.*
> *Disse o Senhor: "Jogue-a ao chão".*
> *Moisés jogou-a, e ela se transformou numa serpente.*

> *Moisés fugiu dela, mas o Senhor lhe disse: "Estenda a mão e pegue-a pela cauda".*
> *Moisés estendeu a mão, pegou a serpente e esta se transformou numa vara em sua mão.*
> *E disse o Senhor: "Isso é para que eles acreditem que o Deus dos seus antepassados, o Deus de Abraão, o Deus de Isaque, o Deus de Jacó, apareceu a você".*
>
> Êxodo 4:2-5

Quando Eliseu fez à viúva essa mesma pergunta, os resultados foram igualmente milagrosos:

> *Certo dia, a mulher de um dos discípulos dos profetas foi falar a Eliseu: "Teu servo, meu marido, morreu, e tu sabes que ele temia o Senhor. Mas agora veio um credor que está querendo levar meus dois filhos como escravos".*
> *Eliseu perguntou-lhe: "Como posso ajudá-la? Diga-me, o que você tem em casa?" E ela respondeu: "Tua serva não tem nada além de uma vasilha de azeite".*
> *Então disse Eliseu: "Vá pedir emprestadas vasilhas a todos os vizinhos. Mas peça muitas. Depois entre em casa com seus filhos e feche a porta. Derrame daquele azeite em cada vasilha e vá separando as que você for enchendo".*
> *Depois disso ela foi embora, fechou-se em casa com seus filhos e começou a encher as vasilhas que eles lhe traziam. Quando todas as vasilhas estavam cheias, ela disse a um dos filhos: "Traga-me mais uma".*
> *Mas ele respondeu: "Já acabaram". Então o azeite parou de correr.*

Ela foi e contou tudo ao homem de Deus, que lhe disse: "Vá, venda o azeite e pague suas dívidas. E você e seus filhos ainda poderão viver do que sobrar".

2 Reis 4:1-7

O que *você* possui? Avalie-se; olhe para dentro e peça a Deus que o ajude a ver com os olhos Dele. Você possui uma ideia para um negócio? Você tem pensado nisso já há um bom tempo? Aventure-se e veja se consegue dar os próximos passos. Elabore um plano e veja como ele se aplicaria a um produto ou serviço. Você acha que as pessoas estarão dispostas a pagar por seu produto/serviço? Decida que tipo de estrutura de apoio você precisará e veja se pode fazer com que as pessoas certas se interessem por sua ideia.

Será muito bom se conseguir fazer a semente de sua ideia brotar, mas esse será apenas o início do processo. Agora começará uma fase longa de trabalho árduo. Habitue-se à ideia de que talvez você passe o restante de sua vida trabalhando muito.

Permaneça conectado a Deus; é muito fácil cair no erro de fazer de seu trabalho seu deus, por isso, permita a Ele que faça correções em sua caminhada. Submeta-se a pessoas que possam lhe dar conselho sábio. Seja generoso e semeie um pouco aqui e ali. Seja fiel no dízimo, e da mesma forma seja cuidadoso e sensível em não acumular seus recursos crescentes.

Você sabe qual será o resultado: no tempo certo você terá um negócio prospero e será capaz de sustentar mais do que apenas a si mesmo e a sua família. Seus empregados e clientes também serão beneficiados por aquilo que começou como uma simples semente de uma ideia dentro de você.

Veja Além do que Seus Olhos Podem Ver

O que você possui? As pessoas deste mundo estão realmente procurando por sua semente. O mundo precisa de sua semente, mas na forma de fruto. Quando você vai até uma mangueira, sua intenção é comer a semente? Não, o que você quer é a fruta. Ninguém come o caroço da manga; as pessoas comem a fruta. Não é possível obter nutrientes suficientes apenas comendo uma pequena semente, e como alimento, a semente é inútil. Você não pode fazer de uma semente sua refeição; nem um pássaro pode fazer isso. No entanto, é assim que a maioria de nós se comporta. Nós simplesmente existimos. Nossa atitude é comparável à de um aluno em sala de aula, que atende à chamada: "Presente!", mas no restante do tempo, se afunda na cadeira e espera que tudo seja feito pelos outros, sem sua participação.

Cada um de nós precisa dar fruto. Você precisa dar o primeiro fruto, ou seja, precisa ficar grávido (a), ainda que seja homem! Você precisa tornar-se uma solução. Você nasceu para resolver algum problema na terra. Você é a resposta de Deus diante de uma necessidade no mundo. Você é a resposta a uma pergunta que Deus sabia que seria feita em sua geração. Você é o cumprimento de um dos desejos de Deus. Há algo que Deus deseja que seja feito, e que necessita de você. Deus criou você com um propósito especifico.

Deus não criou você apenas para ganhar a vida de alguma forma, pagar suas contas e depois disso, morrer. Ele não precisava criar mais outra pessoa para ocupar espaço e consumir oxigênio na terra. Ele criou você para entregar à terra algo do Reino. Ele criou você para responder a certa pergunta e para fazer uma determinada contribuição. Ele o criou para torná-lo um mensageiro das Suas ideias - Suas sementes – a fim de que você pudesse se tornar parte de Sua equipe de criação.

Você é parte essencial do plano de Deus.

Não se subestime, supondo que isto se refere apenas às outras pessoas. *Você* é uma parte essencial do plano de Deus sobre a terra hoje. Não importa que tipo de formação você possua. Afinal de contas, Jesus chamou Mateus para ser Seu discípulo, e ele era um coletor de impostos, o que, naquela época, não era muito melhor que ser um criminoso (Veja Mateus 9:9; 21:31-32; Marcos 2:14; Lucas 5:27; 7:34).

Não ande por aí pensando que Deus não pode usá-lo simplesmente porque você não nasceu dentro da família "certa", no país "certo". Isso é semelhante à nossa estranha tendência de achar que tudo que é diferente é melhor do que aquilo que temos agora. Se alguém possui sotaque estrangeiro - alguns sotaques em particular - ou se pessoas vêm de alguma cidade famosa (preferencialmente uma cidade rica e culta), ou se parecem ser um tanto exóticas, nossa tendência é considerá-las superiores, bem como os produtos que elas recomendam.

Talvez você venha de uma formação bastante comum, tenha uma aparência simples, e por isso ache que não possui nada em particular que possa valorizá-lo. Mas Deus o criou, e isso significa que Ele lhe deu um propósito especial. Quando você começar a andar dentro desse propósito, você passará a sentir-se realizado.

Você se lembra do discípulo chamado André na Bíblia? Não existe um Evangelho com o nome dele, e ele só é mencionado umas poucas vezes. Porem, André foi uma parte muito essencial no plano de Deus. Ele e seu irmão Pedro eram pescadores, e deixaram suas redes quando ouviram Jesus chamar seus nomes. Eles foram os primeiros discípulos. Quase todas as vezes que André é mencionado, isso acontece na forma de "André e..." ou ".... e André". Sozinho, ele não parece ser muito especial. No entanto, o dom de André era "conectar redes", mas não me refiro às redes de pescar. André foi vital ao plano de Deus. De acordo com o Evangelho de João, ele foi aquele que foi contar a Pedro sobre Jesus:

> *André, irmão de Simão Pedro, era um dos dois que tinham ouvido o que João dissera*
> *e que haviam seguido Jesus. O primeiro que ele encontrou foi Simão, seu irmão, e lhe*
> *disse: "Achamos o Messias" (isto é, o Cristo). E o levou a Jesus...*
>
> *João 1:40-42*

O que André fez foi muito importante para o Reino de Deus. Pode parecer algo insignificante, mas a impressão que temos é que ele o fez com consistência. Ele introduziu pessoas ao seu Salvador. Algumas dessas pessoas, como Pedro, que se tornou o líder da Igreja, vieram a ter papéis importantíssimos no Reino de Deus. O que teria acontecido se André tivesse decidido que sua carreira era mais importante que o chamado de Jesus? E se ambos, André e Pedro, tivessem decidido que não poderiam abandonar o negócio da família – a pescaria – a fim de seguir esse rabi que declarou que eles deveriam tornar-se "pescadores de homens"? (Veja Mateus 4:19 e Marcos 1:17). Talvez hoje não estivéssemos aqui...

Deixe Deus Multiplicar o Que Você Possui

Quando os discípulos foram confrontados com um grande dilema – como alimentar mais de 5.000 pessoas – Jesus perguntou-lhes o que eles tinham em mãos para fazê-lo. Não parecia ser muito. De fato, era tão insuficiente quanto um punhado de sementes em meio a uma cidade faminta. Eles quase podiam ouvir os milhares de estômagos roncando. O povo que havia ouvido Jesus o dia todo sob um sol escaldante estava fraco e com fome.

> *Ao cair da tarde, os discípulos aproximaram-se dele e disseram: "Este é um lugar deserto, e já está ficando tarde. Manda embora a multidão para que possam ir aos povoados comprar comida". Respondeu Jesus: "Eles não precisam ir. Dêem-lhes vocês algo para comer".*
> *Eles lhe disseram: "Tudo o que temos aqui são cinco pães e dois peixes". "Tragam-nos aqui para mim", disse ele. E ordenou que a multidão se assentasse na grama. Tomando os cinco pães e os dois peixes e, olhando para o céu, deu graças e partiu os pães. Em seguida, deu-os aos discípulos, e estes à multidão.*
>
> *Mateus 14:15-19*

Essa é uma história verdadeira, e foi escrita para *você*, não para "outra pessoa". Talvez você se sinta tão insignificante quanto o menino que doou seus cinco pães e dois peixes, mas veja só o que Deus pode fazer com uma semente como essa!

CAPÍTULO 7

O Segredo da Prosperidade em Tempos de Crise

A maior parte das batalhas da vida é travada dentro de nós mesmos, e nossos melhores períodos de crescimento geralmente ocorrem durante crises.

— *Robert Scheid*

O segredo para prosperar (não apenas sobreviver) em um tempo de crise é a administração eficaz. Deixe-me repetir isso com ênfase: O *segredo para a prosperidade* (não apenas a mera sobrevivência) em um tempo de crise é a *administração eficaz.*

Não estou tentando irritá-lo reduzindo tudo a declarações simplistas sobre a "administração eficaz". Embora a frase possa parecer enfadonha, a realidade por trás dela é bem diferente disso. Sim, a administração eficaz é, em sua maior parte, um segredo mais notado quando está ausente do que quando funciona de forma eficaz e tranquila. Admito que a menos que você esteja escrevendo (ou lendo) um livro a respeito disto, ou a menos que seu pastor ou guru profissional tenha decidido ensinar sobre isso, você provavelmente não possui uma opinião formada sobre "administração eficaz" por si só.

Entretanto, quando você enfrenta uma crise, o segredo é exposto. Existe apenas uma maneira para escapar da crise – a boa administração. Cabe a você administrar sua saída da crise; tenha certeza que outras pessoas o estarão observando. Ainda que não saibam bem o que você está fazendo, as pessoas o verão em ação e saberão dizer se você conseguiu escapar da crise com sucesso ou não. Elas saberão distinguir se você mal tem sobrevivido à crise – ou se tem realmente prosperado em meio a ela.

Com certeza, outras pessoas podem ver quando você administra sua crise de forma *in*eficaz. Isso se dá quando você praticamente nunca emerge de um estado constante de crise, ou quando permanece em crise por um longo tempo, escondendo-se, afligindo-se e tornando-se deprimido demais para poder empregar energia suficiente para romper com tudo. Se for assim que você se encontra, sinto muito em dizer-lhe, mas isso não é administração eficaz. Isso é administração limitada, inadequada e incompetente, e absolutamente não é administração eficaz. A administração eficaz o mantém em movimento, impedindo-o de permanecer atolado. A administração eficaz sempre o conduz a algum lugar, e ela pode tornar-se algo emocionante – especialmente em um tempo de crise.

Quem são as pessoas que parecem verdadeiros heróis em um tempo de crise? São aquelas que estavam preparadas para a crise, muito embora frequentemente não percebessem de antemão que estavam sendo preparadas. E como elas foram preparadas? Simplesmente vivendo suas vidas da forma que Deus havia planejado, de acordo com Seus princípios e em obediência aos Seus mandamentos.

O que "obediência aos Seus mandamentos" significa? Como você já sabe, neste livro não me refiro especificamente aos Dez Mandamentos de Moisés, ou a um conjunto de mandamentos bíblicos em particular. Refiro-me principalmente aos mandamentos básicos de Deus, os primeiros jamais dirigidos à humanidade, e que Ele nunca rescindiu ou alterou. Esses mandamentos são os de "ser fértil" (ou próspero), "multiplicar-se" e "subjugar a terra". Foi isso que Ele ordenou a Adão e Eva que fizessem, e essa ordem ainda vale hoje. Deus continua pessoalmente a cargo da operação de todo o universo, mas entregou a administração das operações da terra a auxiliares humanos.

Isso inclui a você e a mim; Ele deseja que nós dependamos de Suas instruções dia após dia e ano após ano, e que recebamos nossas ordens de ação diretamente do Seu trono. Ele também deseja que nos aconselhemos e colaboremos uns com os outros. Se seguirmos Sua direção em relação aos detalhes, enquanto trilhamos a estrada estreita que Ele nos propõe (veja Mateus 7:13-14), com certeza veremos bons resultados.

Este conjunto de mandamentos fundamentais de Deus é um comando – ou mandato – para administrarmos os recursos da terra, e afeta tudo o que fazemos. Se formos obedientes a esse simples conjunto de comandos usando o melhor de nossa habilidade e fé, estaremos preparados para qualquer eventualidade. Seremos administradores eficazes, e nos tornaremos as pessoas com maiores chances de prosperidade em qualquer crise.

Deus Como Chefe

Deus deu aos seres humanos a responsabilidade de administrar os recursos da terra, mas Ele sempre será o dono de tais recursos. No Reino de Deus, ninguém possui coisa alguma, a não ser Deus. Os seres humanos receberam domínio e a habilidade de administrar a terra, mas nunca receberam sua propriedade.

O domínio sobre os recursos da terra é nossa tarefa primordial. Quando compreendermos este fato, o propósito de nossas vidas se tornará claro. Não precisaremos mais andar ansiosos sobre termos dinheiro ou alimento, ou qualquer outro tipo de recurso. Nosso papel é administrar os recursos, não gerá-los.

Apesar disso, ser parte do Reino de Deus não nos garante "passagem livre". Desde o dia em que Deus expressou Seu alvo divinamente inspirado de usar homens e mulheres para espalhar a cultura do Céu sobre a terra através da cooperação de cidadãos do Reino, tais como você e eu, a tarefa sempre envolveu *trabalho*. Adão lavrou o solo para cuidar do Jardim. Através de esforço e suor, ele administrou os recursos que Deus havia provido.

Isso ainda acontece hoje: cada um de nós, separadamente e conjuntamente, precisa trabalhar e suar a fim de administrar os recursos da terra. Por meio do nosso esforço, colhemos o fruto de que precisamos para sustentar nossas vidas e continuar a obra. Quanto mais eficaz for nosso trabalho (de administração), mais recursos Deus nos concederá. Em outras palavras, quanto mais eficaz for nossa administração, maior crescimento alcançaremos e, como consequência, mais frutos colheremos e mais do Reino de Deus será estabelecido sobre a terra.

Deus nunca confiará às suas mãos mais do que você pode administrar. Ao contrário, Ele sempre detém o crescimento onde não existe administração. Ele não enviou chuva para regar o Jardim até criar Adão para administrar o crescimento que resultaria da chuva. Deus não permitirá desenvolvimento onde não exista administração, ou que coisa alguma se expanda a menos que Ele possua um homem ou uma mulher capaz de administrar tal desenvolvimento.

A primeira medida de Deus ao confiar em você é dar-lhe a administração. Através de sua fidelidade e fé, o Reino de Deus se expande, uma pessoa de cada vez. Por sua administração eficaz, os recursos necessários lhe vêm às mãos, e mais recursos são atraídos para que você possa continuar a cumprir seu propósito, a despeito de qualquer eventualidade.

Crises Indo e Vindo

Uma grande parte da administração eficaz é ser capaz de administrar as crises que ainda estão por vir – e crises são inevitáveis. Qualquer administrador de empresas sabe disso, assim como cada pai e mãe. Se você desmoronar diante de uma crise, tudo aquilo que administra também desmoronará.

Sabendo da grande importância de administrarmos as crises da melhor forma possível, me detive mais nestas ideias no Capítulo 4, onde as chamo de "Sete Maneiras de Administrar uma Crise":

1. Determine quais são suas *necessidades* (liste-as). Não confunda seus desejos com necessidades.
2. Adquira apenas aquilo que você realmente *precisa*.
3. Decida não viver além daquilo que seus recursos lhe permitem.
4. Elimine gastos desnecessários.
5. Adie projetos de grande porte.
6. Dê valor aos seus bens.
7. Poupe, preserve e proteja seus recursos.

Creio que precisamos revisar essas técnicas empregadas na administração de crises a cada nova crise. Como seres humanos, todos tendemos a ter dificuldades em pensar sobriamente quando somos atingidos por uma crise. Comumente, quando passamos por uma crise, passamos, ao mesmo tempo, por uma "crise de administração".

Quando somos atingidos por uma nova crise, precisamos revisar tudo o que aprendemos com as crises anteriores, bem como o que aprendemos de fontes externas (como este livro, por exemplo). É necessário aprender que cada um de nós é um "saco misto", ou seja, somos compostos de diferentes elementos e características, sempre. Ninguém é perfeito. O alvo deve ser continuar a aprender mais sobre como viver em fé, da maneira de Deus, e continuar a amadurecer como um cidadão do Reino.

Quando uma crise cai sobre sua cabeça, você pode até descobrir algumas coisas que estava fazendo *da forma certa* o tempo todo. Louve a Deus por isso! Talvez desta vez você esteja realmente vivendo dentro de suas posses, e aí, quando o mercado de empregos sofre queda e você perde seu emprego, ao menos não precisa se desgastar com dívidas. Talvez você já tenha aprendido a adquirir apenas o que realmente necessita, então agora não precisará se desfazer de uma porção de coisas extras em sua casa.

No entanto, posso garantir-lhe que antes desta crise passar completamente, você já terá aprendido algumas lições novas. E louvado seja Deus por isso também. Ele é seu Pastor divino, e quer Se certificar de que você se tornará forte o suficiente para enfrentar a longa caminhada que o aguarda. Deus está usando as circunstâncias da vida para aperfeiçoar em você o papel de construtor do Reino.

A Mentalidade do Dinheiro

Tenho falado até aqui que "uma administração eficaz atrai recursos". Como parte essencial da administração da crise, devemos identificar quais os recursos de que verdadeiramente precisamos e então devemos poupar, preservar e proteger tais recursos. Demonstramos uma administração eficaz pela forma eficaz em que poupamos, preservamos e protegemos os recursos que Deus confiou a nós. Em longo prazo, nossa eficácia atrairá mais recursos.

Às vezes, entretanto, temos a impressão de que todos os recursos desapareceram, especialmente os monetários. Para onde foram? Devem estar em algum lugar, pois o dinheiro não pode ter sido mandado para a lua ou Marte. Os bilhões devem ainda estar na terra e todo o ouro e a prata devem estar escondidos em algum lugar. Cabe aos cidadãos do Reino exercitar uma administração eficaz, "arrancando" esses recursos monetários do lugar onde estão escondidos.

Deus diz: "Darei a você os tesouros das trevas, riquezas armazenadas em locais secretos, para que você saiba que eu sou o Senhor, o Deus de Israel, que o convoca pelo nome" (Is 45:3). Deus diz que lhe dará as riquezas armazenadas em lugares secretos – se você poupar, preservar e proteger (administrar) os recursos que Ele lhe deu até o dia de hoje.

Administradores buscam fazer o melhor uso de seu dinheiro e usam seus recursos eficazmente, sem desperdício. E quando um tempo de crise lhes sobrevém, eles simplesmente continuam a fazer o mesmo. Através de sua administração, eles saem da crise e "passam de ano" subindo mais um nível. Quando a bolsa quebra, eles se encontram numa posição de comprar ações baratas e quando o desemprego chega, eles têm uma reserva no banco. Isto porque aprenderam a não viver além de suas posses ou de salário em salário. Quando um desastre natural ou uma crise de saúde acontece, eles possuem os recursos poupados de que certamente precisarão para enfrentar esse tempo.

Se deseja que Deus abençoe sua vida, você precisa aprender a administrar hoje os recursos que Ele lhe confiou. É necessário olhar para sua vida através das lentes práticas do livro de Provérbios, que tem muito a dizer sobre preservar recursos e dinheiro: "As formigas são criaturas de pouca força, contudo, armazenam sua comida no verão" (Pv 30:25). A formiga economiza no verão porque no inverno não haverá alimento. Neste momento, um "inverno" econômico está começando a cair sobre toda a terra. Você preservou seus recursos? Você tem (ou não) sido uma formiga? "De que serve o dinheiro na mão do tolo, já que ele não quer obter sabedoria?" (Pv 17:16)

Você precisa ser um homem ou uma mulher de integridade, não uma pessoa que apenas finge ter recursos. Fingir ser rico não lhe compra coisa alguma. Que bem há em comprar um Rolls Royce e estacioná-lo na frente de uma casa de um cômodo? O que você quer provar quando adquire uma antena parabólica maior que o telhado de sua casa? Isso tudo é falsidade – e uma maneira tola de lidar com o dinheiro que você possui. O escritor de Provérbios expressa isso desta forma:

> *Alguns fingem que são ricos e nada têm; outros fingem que são pobres, e têm grande riqueza.*
>
> *Provérbios 13:7*
>
> *O dinheiro ganho com desonestidade diminuirá, mas quem o ajunta aos poucos terá cada vez mais.*
>
> *Provérbios 13:11*

Na próxima vez em que começar a reclamar sobre sua falta de dinheiro, considere isto: com exceção da criança mais nova entre nós, quase todos nós já fomos milionários alguma vez, e provavelmente mais de uma vez, durante nossas vidas. Sim, você é um multimilionário! Você só não tem mais todo o dinheiro. Mas você já teve quando precisou dele, não teve? E ele escoou entre seus dedos; milhões de reais já passaram por suas mãos de alguma forma.

E sempre que houve uma crise, você teve que aprender a voltar-se para a Fonte novamente. Ele sempre lhe deu aquilo que sentia que você conseguiria administrar. Ele vem lhe dando lições de administração até hoje, e você ainda está aprendendo. Pode levar um bom tempo para alcançar a plena maturidade como cidadão do Reino de Deus.

O segredo da prosperidade em tempos de crise é o mesmo segredo da prosperidade em tempos de bonança. O segredo é a administração, e a administração eficaz implica em confiança. Plante seus pés firmemente na Rocha: vale mais a pena que qualquer crise que você precise atravessar.

O Segredo Para a Riqueza

Da mesma forma que a moeda varia de país para país, assim também a riqueza vem em formas diferentes. Em geral, a riqueza da terra vem na forma de todos os muitos recursos que Deus criou para a terra.

Lemos em Gênesis que "...o Senhor Deus fez nascer do solo todo tipo de árvores agradáveis aos olhos e boas para alimento..." (Gn 2:9). O rio que irrigava o Jardim se dividia em quatro rios separados. O primeiro dos quatro rios atravessava uma terra onde ouro de alta qualidade podia ser encontrado, além da resina aromática e do ônix (veja Gênesis 2:10-12).

Adão já havia sido estabelecido como o jardineiro e por isso foi capaz de apreciar um tipo específico de riqueza – o fruto comestível. Um dos tipos de riqueza (o alimento) vem do solo por meio da agricultura. Adão compreendeu também que a razão das árvores do Jardim florescerem era a água provida pelo rio. Assim, a água é outra forma de riqueza. Os tecidos do corpo humano são em mais da metade água; é impossível viver sem água e alimento.

Do lado de fora do Jardim, Deus deu a Adão e seus descendentes vários outros tipos de riqueza. Um era o ouro, considerado valioso desde os tempos antigos. Além dele, outros metais preciosos, tais como a prata, são também uma forma de riqueza. E outro tipo, digno de destaque até os dias de hoje é o óleo (ou resina). O óleo representa combustível para cozinhar, aquecimento, e, em tempos modernos, transporte e indústria. Por último, possuímos o ônix, que representa pedras preciosas de todos os tipos, incluindo os diamantes.

Considero estes os cinco fundamentos da riqueza: (1) fruto ou alimento; (2) água para o sustento da vida; (3) ouro e outros metais preciosos; (4) resina ou óleo para combustível e (5) ônix e outras pedras preciosas. Deus deu cada um desses fundamentos a Adão. Em essência, Deus disse a Adão: "Adão, dou-lhe todos os frutos para alimento" (veja Gênesis 2:16). Então lhe disse mais: "Dou-lhe água, dou-lhe ouro, dou-lhe resina e dou-lhe ônix." Ao dar todas estas coisas a Adão, Deus também as estava dando a nós.

Sendo estas as cinco riquezas fundamentais, qualquer pessoa que lide eficazmente com elas poderá tornar-se rico. Quando um tempo de crise vier, as pessoas se voltarão para as riquezas fundamentais. O que você preferiria possuir em tempo de crise, um vale cheio de verduras e legumes ou um vale de silicone? Deus deu conselhos preciosos a Adão; Ele começou com a agricultura e a água. Estes são os fundamentos dos fundamentos. Depois que o alimento e a água estivessem garantidos, então Adão poderia ir procurar ouro, óleo e pedras preciosas no solo.

Quando revertemos as prioridades, morremos por falta de alimento; infelizmente temos descoberto esta verdade da forma mais difícil, ao fazermos das prioridades menos importantes nossas primeiras prioridades. Ao invés de cuidarmos bem dos recursos que Deus nos deu, nós as temos destruído. Temos contaminado a água e o solo com produtos químicos, erosão e cultivo excessivo. Temos feito guerras por causa de ouro, óleo e outros tipos de riqueza, e temos continuamente perseguido coisas que os seres humanos, na verdade, não precisam.

Em suma, somos gananciosos. A ganância acaba sempre sendo a razão de nossa crise econômica. As pessoas sempre desejaram mais riqueza do que podiam administrar, e não recearam ferir a fim de obtê-la. Durante toda a história humana, as pessoas confundiram seus desejos com suas necessidades e divorciaram-se de Deus, que poderia tê-las instruído com sabedoria e habilidade de administrar os recursos que possuíam no princípio.

Quando invertemos as prioridades, gerenciamos mal os recursos e, como resultado, fatalmente os perdemos. Em boa parte do tempo, temos sido nós mesmos os geradores de nossas crises econômicas, não acha?

Se você se encontra em um tempo de instabilidade financeira, talvez esta seja a melhor época para vender bens dispensáveis, como itens decorativos. Suponha que você tenha pago R$10.000,00 por aquele diamante que guardou em uma gaveta. Talvez este seja o momento de abrir a gaveta e converter o diamante em ativo líquido, para que com ele você possa comprar alimento e água. Às vezes, o mero bom senso nos indica o melhor tipo de sabedoria. Talvez agora seja hora de desfazer-se de algumas coisas, de afastar-se das complicações de ter muitos bens, e de retornar às coisas básicas da vida.

O Poder da Administração Eficaz

O poder da administração eficaz pode ser resumido como domínio eficaz. *Domínio* não é necessariamente um termo negativo. Quando você domina algo, você o administra, e é possível dominar (administrar) com sabedoria e retenção, e com autossacrifício e amor. A ideia de domínio não precisa implicar em força brutal ou pressão indesejável. De fato, se todos exercitassem o tipo correto de domínio, todos nós teríamos recursos suficientes, pois como já expliquei, a administração eficaz atrai mais recursos.

Domínio não significa que umas poucas pessoas estão no comando e o restante deve se submeter. Quando Deus disse a Adão: "Seja fértil. Multiplique-se. Domine a terra.", Ele estava apenas resumindo o que seria necessário que Adão e seus descendentes fizessem a fim de serem eficazes na administração dos recursos da terra.

Na realidade, Deus não ordenou a Adão que subjugasse as outras *pessoas* que povoariam a terra. Esse tipo de domínio é o que tem dado uma conotação negativa à palavra. Deus disse a Adão que subjugasse os *recursos* da terra. Somos descendentes de Adão, portanto, como ele, nós recebemos a mesma tarefa: ser fértil, multiplicar-nos e subjugar a terra. E isso significa, "Administre os recursos."

No contexto dessa declaração de propósito universal para toda a humanidade, Deus deu a cada indivíduo uma tarefa, um propósito. Você tem um papel a cumprir tanto quanto eu. Cada um de nós tem uma participação no estabelecimento do Reino de Deus na terra.

Veja como a versão em inglês The Message (A Mensagem) expressa o texto de Gênesis:

Deus disse: "Façamos seres humanos à Nossa imagem,
refletindo Nossa natureza
Para que possam ser responsáveis pelos peixes no mar,
os pássaros no ar, o gado,
E, sim, a própria Terra,
e todo animal que se move sobre a face da Terra."
Deus criou seres humanos;
ele os criou divinos,
Refletindo a natureza de Deus.
Ele os criou macho e fêmea.
Deus os abençoou:
"Prosperem! Reproduzam-se! Encham a Terra! Assumam o comando!
Sejam responsáveis pelos peixes no mar e pássaros no ar,
por cada ser vivo que se move sobre a face da Terra."
Então Deus disse: "Eu lhes dou
todo tipo de planta que produz semente na Terra
E todo tipo de árvore que produz semente,
dou a vocês por alimento.
A todos os animais e a todos os pássaros,
a tudo que se move e respira,
Dou por alimento tudo o que brotar do solo."
E assim foi.
Deus olhou para tudo que havia feito;
e era muito, muito bom!

Gênesis 1:26-31, TM

Deus criou o primeiro povo a refletir Sua natureza. Ele criou recursos a fim de que eles pudessem sobreviver e prosperar, e queria que ambos, as pessoas e os recursos, se multiplicassem até encherem a terra. Ele queria que a cultura da terra refletisse a cultura do Céu; isso significa que Ele queria que as pessoas prosperassem. A fim de prosperarem, elas simplesmente deveriam seguir as instruções de Deus de serem férteis (ou prósperos), se multiplicarem, e sujeitarem ou dominarem a terra.

Parece simples, não? No entanto, sem nem pensar muito, você pode começar a se sentir desanimado, pois neste ponto da história humana, tudo no mundo está muito tumultuado. Onde você pode começar a desfazer a desordem? Vemos crises por todos os lados – crises já estabelecidas e outras em formação. Frequentemente, essas crises foram causadas por outra pessoa, e não é possível fazer outra pessoa (ou país, ou cultura humana) mudar, não é verdade? Então, por que deveríamos nos preocupar com isso?

Você não pode desfazer o passado, mas pode fazer algo a respeito de sua própria vida. De fato, sua própria vida é tudo o que você tem para oferecer.

Sua Tarefa Pessoal

Qual porção dos recursos da terra foi criada por Deus para você administrar, sujeitar ou dominar? Ele certamente lhe deu algum tipo de tarefa, pois incutiu dentro de cada ser humano um propósito – algo a produzir e algo a reproduzir. Sua responsabilidade não precisa necessariamente ser jardinagem, agricultura ou estocagem de alimentos, como foi para Adão. Sua tarefa usará os dons naturais e espirituais que Deus lhe deu, sejam eles quais forem, e abrangerá a totalidade de sua vida, não apenas sua carreira. Pode ser que sua tarefa seja colaborativa, ou seja, algo que exigirá que você trabalhe lado a lado com outras pessoas, sem as quais você não será capaz de cumprir seu propósito. Na verdade, a maior parte de nossas tarefas é, de fato, colaborativa.

Se você possui um dom ou talento musical, pergunte a Deus como Ele deseja que o use. Será que Ele quer que você cante sozinho no chuveiro, ou que multiplique seu dom reproduzindo sua música num CD? Será que Ele quer que você instrua e encoraje músicos em início de carreira? Será que Ele quer que você coordene os esforços musicais de outras pessoas, ajudando, assim, a encher a terra com música?

Sua tarefa é exercer domínio sobre a terra, e para isso você deverá usar todos os recursos e dons com os quais começou sua jornada, com a ajuda de Deus, multiplicá-los e distribuí-los. Você deve distribuir bens e serviços. Você não pode acumular seus bens em armazéns – seja de forma literal ou figurativa – caso contrário, você e as pessoas que deveriam receber seus bens poderão vir a morrer na pobreza.

Qualquer empresário sabe que a carga mais pesada em um negócio é o inventário. Inventário em excesso pode levá-lo à ruína, pois significa que seu fruto tem sido estocado ao invés de ser posto no mercado. Colocá-lo no mercado é o mesmo que distribuição – ou multiplicação. Distribuir seu produto eficazmente é o mesmo que subjugar o mercado, e quando você subjuga o *seu* mercado, você se torna capaz de controlá-lo, e a seguir de dominá-lo; seu mercado é um cantinho da terra.

Vá Além da Administração de Sua Crise

Esteja você em meio a uma crise ou se preparando para uma tempestade de crise prestes a chegar, preserve seus recursos, mas não os acumule. O segredo para a prosperidade em tempos de crise é administrar eficazmente os recursos que você possui, começando pelos mais importantes. Descubra qual é o seu fruto e multiplique-o. Peça a Deus que o ajude a fazê-lo. Dependa da orientação e da força Dele o dia todo, a cada dia de sua vida. Então, quando uma crise o atingir, você será capaz de administrá-la também, com a força que Deus provê.

Contudo, se no processo de cumprir suas responsabilidades no Reino você descobrir que se desviou um pouco, retorne ao caminho correto pelo arrependimento, para que possa voltar a progredir. Se você acumula muitas coisas ou muitas responsabilidades extras, e precisa se descartar de algumas delas, faça-o tão logo quanto puder. Se sentir que precisa mudar de tática, mude-a rapidamente.

Não há outro meio: você precisará trabalhar arduamente, então, faça isso e não seja preguiçoso. Continue avançando.

Não faça de seu conforto pessoal seu alvo primordial. É verdade, você ficará exausto, sentirá dores às vezes, e enfrentará tempestades físicas, emocionais e espirituais. Parte de seu esforço e suor pode não ser necessariamente resultado de uma crise, e sim apenas o nível normal para sua vida. Às vezes, no entanto, você realmente precisará enfrentar um crise real, como também o farão as pessoas à sua volta.

Uma crise é sempre algo desagradável, mas não se preocupe com o desconforto. Você ficará bem no final, pois Deus ainda está no controle. As Palavras de Adão se aplicam a você, bem no meio de sua crise atual: seja fértil (próspero). Multiplique-se. Sujeite a terra. Persevere em fazê-lo, ainda que suas táticas tenham que mudar por conta das circunstâncias.

Avance para além da simples administração de sua crise. Comece a prosperar bem no meio dela! Em breve, sua crise terá passado e você adentrará um tempo de nova abundância.

CAPÍTULO 8

Crise no Emprego: Descubra o Trabalho Além do Seu Emprego

O valor de nossa religião é provado quando ela nos capacita a enfrentar emergências. Um homem não possui mais caráter do que aquele que governa em um tempo de crise.

— *Ralph W. Sockman*

Em capítulos anteriores, vimos como nosso propósito divino nesta terra é a *administração*, e como a administração eficaz é expressa através do nosso *trabalho*. Da mesma forma que Deus colocou Adão para trabalhar cultivando o solo no Jardim, Ele também nos coloca para trabalharmos de muitos modos diferentes.

No entanto, é extremamente fácil confundir o trabalho que lhe foi divinamente confiado com seu emprego ou carreira que lhe geram uma renda. Costumamos chamar nossos empregos de "trabalho", dizendo coisas como: "Estou indo para o trabalho agora" ou "Farei isso após o trabalho". E quando perdemos nossos empregos, o que geralmente implica em entrar em um período de crise pessoal, dizemos: "Estou sem trabalho".

Você perdeu seu emprego recentemente? Você está sem trabalho agora? Quero assegurar-lhe que de forma alguma você está "sem trabalho". Neste capítulo, eu o ajudarei a distinguir a diferença entre seu emprego e seu trabalho.

Empregos Versus Trabalho

Seu *emprego* é aquilo que você é treinado a fazer. Pode ser que você tenha frequentado uma escola a fim de aprender sua profissão. Em seu emprego, você possui algumas tarefas específicas, e é pago para cumpri-las. Mas como você bem sabe, seu empregador pode facilmente encontrar outra pessoa com a mesma formação que a sua, e pode decidir que uma pessoa já não é mais necessária para uma determinada função na empresa. Você pode ser facilmente substituído, dispensado, ou demitido. Pode acontecer da empresa onde você trabalha entrar em falência e fechar suas portas, levando você e a todos seus companheiros de trabalho a perderem seus empregos.

Mas seu *trabalho* é diferente. Seu trabalho é aquilo que você nasceu para fazer. Nenhum tipo de sistema educacional pode ensiná-lo a fazer seu verdadeiro trabalho porque ele tem a ver com seu propósito de vida, e é revelado através dos dons que Deus lhe deu. Nenhum empregador na terra pode tirar isso de você, nem tampouco demiti-lo disso. Podem dispensá-lo de um emprego, mas não de ser você mesmo.

Quando você deixa um emprego, leva consigo seu trabalho, ou seja, seu propósito nato. Onde quer que vá, você poderá plantar seus dons para que voltem a crescer. Você é muito mais que seu emprego.

Todos precisamos pensar sobre nossos empregos, e todos precisamos nos esforçar a fim de satisfazer as exigências que nossos empregos impõem. No entanto, também devemos pensar a respeito de nosso verdadeiro trabalho – nosso propósito na vida, a tarefa que Deus nos deu. Seja qual for a situação, esteja você procurando emprego atualmente ou satisfatoriamente empregado, deveria passar tanto tempo buscando encontrar a *si mesmo,* quanto passa tentando achar um emprego ou satisfazendo as pessoas para quem trabalha. Mude sua maneira de pensar. Se você puder encontrar a *si mesmo*, ganhará uma nova perspectiva sobre aquilo para que você foi criado para fazer nesta terra.

Você não foi criado para bater o relógio de ponto, embora possa estar fazendo isso no início e no final de seus dias de trabalho. Na realidade, você foi criado para contribuir para o grande estabelecimento do Reino de Deus. O Rei o criou e o chamou. Ele lhe deu dons especiais que se harmonizam com o propósito Dele em sua vida, e Ele deseja que você descubra e cumpra esse propósito.

Onde Quer Que Vá, Tenha o Que Tiver

O cumprimento do propósito de Deus para você pode acontecer onde quer que esteja. Pela graça de Deus, você pode realizar seu *trabalho,* ainda que esteja "sem trabalho" no momento. Deus aprecia movimentar pessoas e faz questão de situar Seus representantes em muitos lugares, e isso abrange o maior número possível de locais de trabalho e categorias profissionais, inclusive a categoria "desempregada". Seu trabalho é contínuo; ele perdurará enquanto você viver neste planeta.

Seu emprego é apenas sua carreira, e é temporário. Você pode vir a perdê-lo e toda a sua carreira pode vir a desmoronar. Você pode até possuir mais de uma carreira em sua vida; não importa, a verdadeira tarefa de sua vida é seu trabalho, e este você não pode perder. Ele pode enfraquecer por não ser inexplorado e vivido, mas não há que você possa fazer para perder a missão com que nasceu. Você não pode ser privado de seus dons naturais e propósito de vida, ainda que seja privado de um emprego remunerado por um longo tempo.

Tudo o que você recebeu ao nascer, é seu por direito. Não importa quantas vezes tenha que se mudar, ou quantas vezes seja maltratado, ou expulso da cidade, você sempre terá e levará consigo tudo aquilo que recebeu ao nascer. Seus dons não se desgastarão ou consumirão. Da mesma forma, ninguém pode arrancar-lhe sua missão de vida. Você pode espantar um pássaro de sua varanda, mas não pode tirar sua habilidade de voar.

Todos nós, em termos de carreiras e outras "coisas", viemos a este mundo sem absolutamente coisa alguma. Você não nasceu com uma TV de tela plana (caso você ainda não saiba disso). Ao nascer, você não possuía roupas ou sequer uma chaleira elétrica (tampouco possuía pedras, alguns gravetos para fazer fogo ou uma panela suja). Se você tem a impressão de que Deus está lhe tirando tudo ultimamente – não apenas seu emprego, mas também seus bens e todo o seu estilo de vida – talvez Ele esteja fazendo isso para que você possa descobrir quem realmente é.

O que você recebeu ao nascer? Para que obra você foi criado? Que *trabalho* Deus tem para você? Deus irá reabastecê-lo com as "coisas" e recursos certos para que você possa assumir o trabalho de sua vida.

Você se qualificava para seu emprego porque havia adquirido certas habilidades. Talvez você tenha nascido com certa aptidão, contudo, foi necessário que você desenvolvesse as habilidades derivadas dessa aptidão. Talvez você seja muito bom naquilo que faz para viver e tenha permanecido no mesmo emprego por muitos anos, o que lhe deu a impressão de que sua situação é muito estável. Todavia, em uma economia de crise, sua habilidade poderá vir a tornar-se completamente inútil. As crises não se importam com seus longos anos de trabalho.

Um exemplo simples: suponhamos que você seja um exímio carpinteiro; se o ramo de construções estiver estagnado por conta da recessão, você simplesmente não encontrará ninguém para empregá-lo. Dessa forma, sua habilidade super desenvolvida se mostrará inútil. Você nunca pensou que algo assim pudesse acontecer, mas aconteceu. Inesperadamente, você se vê obrigado a, como dizem, "reinventar-se" como alguém diferente de um carpinteiro, ao menos por enquanto. Ou talvez você seja um barman trabalhando em um resort. A Bahamas estão repletas de hotéis e bares, e num lugar assim, alguém poderia pensar que se viesse a perder seu emprego por uma razão qualquer, conseguiria facilmente encontrar o mesmo tipo de emprego em outro estabelecimento. Não é bem assim. Especialmente se o resort falir e nenhum dos outros hotéis da área estiver contratando. De repente, você precisa aprender a atender outro tipo de necessidade.

É possível que você creia que nada disso se aplique a você, pois já está aposentado. Você não precisa mais se preocupar em encontrar ou manter um emprego. Embora seja verdade que está aposentado de seu emprego, não é verdade que esteja aposentado de seu trabalho. Você pode aposentar-se de seu emprego, mas não de seu trabalho porque você *nasceu* para executá-lo, e sua missão levará uma vida inteira para se cumprir. Você não pode aposentar-se de seu trabalho porque isso seria o mesmo que aposentar-se de você mesmo. Você nunca ouviu falar de um pássaro que se aposentasse de voar, não é mesmo?

Nunca Confunda Seu Trabalho Com Seu Emprego

Você pode vir a perder muitos empregos em sua vida; talvez isso já tenha lhe acontecido no passado, e por isso embora esteja atualmente empregado, você não se sente muito seguro. Lembre-se: você não pode permitir que seu emprego se torne sua vida, porque se perder seu emprego, perderá também seu propósito na vida. Duvido que deseje arriscar-se a passar por isso.

Quando você começar a olhar para seu *trabalho*, aquilo para o que nasceu, você encontrará seu propósito verdadeiro. Digamos que você seja fotógrafo, e que todos digam que você é muito "talentoso". Isso significa que a fotografia é seu dom divino, e, portanto, seu trabalho verdadeiro? Não exatamente. Contudo, a visão aguçada na área de beleza e estética com certeza tem a ver com seu trabalho. Seu dom de perceber a beleza e transmiti-la a outros alicerça seu emprego como fotógrafo. Mas seu dom também pode ser expresso de outras maneiras.

Você é enfermeiro? Isso significa que a enfermagem é seu dom? Bem, esse é seu emprego, mas por trás de suas habilidades profissionais, você poderá vir a descobrir seus dons de compaixão e serviço. E se você nunca tivesse se tornado enfermeiro, mas passasse a vida toda trabalhando arduamente como pai/mãe ou avô/avó? É evidente que você teria expressado o mesmo dom. Seu trabalho é o seu serviço amoroso e compassivo às outras pessoas.

A conclusão é esta: nunca confunda seu trabalho com seu emprego. Preste atenção a esta diferença para manter o foco em seu verdadeiro trabalho, independentemente de isto acontecer no contexto do ambiente de seu emprego. Empregos são temporários; o trabalho é permanente.

Aqui está uma lista resumida daquilo que acabei de expor:

1. Seu emprego é aquilo para o que você foi treinado, mas seu trabalho é aquilo para o qual você nasceu.
2. Seu emprego é sua carreira, mas seu trabalho é sua missão.
3. Seu emprego é sua habilidade, mas seu trabalho é seu dom.
4. Você pode ser demitido de seu emprego, mas nunca poderá ser demitido de seu trabalho.
5. Você pode se aposentar de seu emprego, mas nunca poderá se aposentar de seu trabalho.
6. Empregos são temporários. O trabalho é permanente.

Trabalho *Mais* Emprego

Não é verdade, porém, que empregos e trabalho não estejam relacionados. De fato, muitas vezes seu emprego tem o papel de prepará-lo para seu trabalho. Já tive vários empregos em minha vida, e cada um deles ainda me rende benefícios hoje. Você deve usar cada um de seus empregos para auxiliá-lo na refinação de seu dom. Assim, quando for liberado de um emprego, ainda terá um dom valioso para levar consigo.

Você se lembra de como Moisés foi demitido de seu emprego? Moisés era príncipe e alto executivo no Egito. Ele cresceu na casa de Faraó, portanto seria bem provável que Deus quisesse que Moisés permanecesse naquele emprego. Todavia, ele foi demitido e tornou-se um fugitivo. Ele acabou no deserto de Midiã; casou-se e decidiu assumir a tarefa de pastorear as ovelhas de seu sogro. Este era um emprego bem diferente em um lugar bem diferente (revise a história toda no segundo e terceiro capítulos do livro de Êxodo).

Como esse emprego ajudou a preparar Moisés para seu verdadeiro trabalho? Ensinando-o a servir como pastor de ovelhas, pois essa era exatamente a habilidade que ele precisaria ter para liderar o povo de Israel através do deserto até a Terra Prometida. Deus sabia, desde o nascimento de Moisés, que essa era a sua missão. A única diferença era que, ao invés de conduzir ovelhas através do deserto, ele iria conduzir pessoas. Por anos e anos, enquanto pastoreava as ovelhas de seu sogro, Moisés aprendia a organizar e a liderar seguidores relutantes, a lidar com o ambiente do deserto, a encontrar água e comida, e assim por diante. Seu emprego o preparou para seu verdadeiro trabalho, que era conduzir o povo de Israel a uma terra apontada por Deus, onde eles pudessem ser libertos da escravidão.

Por vezes, seu trabalho gera seu emprego. É assim que me sinto sobre meu trabalho e emprego. Meu trabalho é ensinar e prover liderança, e expandir o Reino de Deus. Quanto eu tinha cerca de 14 anos de idade, descobri meu dom e meu valor no Reino. Portanto, entrei na fase adulta já sabendo: "Vida, você precisa de mim. Eu nasci para fazer diferença." Assim, venho desenvolvendo um ministério internacional desde a década de 1980. Meu dom e emprego enriquecem e aprimoram um ao outro.

No Antigo Testamento, vemos como o dom de José criou seu emprego. O Faraó perguntou a José: "Como você consegue interpretar sonhos?" José respondeu que aquele era um dom que Deus lhe havia dado (veja Gênesis 41). O Faraó ficou tão grato pelo dom que José possuía de interpretar sonhos com sabedoria, que o colocou a cargo de todo o país. Este é um exemplo muito claro de alguém que obteve um emprego por conta apenas de seu dom divino.

Seu trabalho o resguarda de seu emprego. O que quero dizer com isso é que quando você descobre seu dom divino, seja ele qual for, você se torna infinitamente valioso. Você passa a ter um emprego à prova de recessão – seu emprego é cumprir o seu propósito de vida. E ninguém pode tirá-lo de você. Você tem um dom, e este lhe foi dado para servir a humanidade. Você é infinitamente valioso. Dentro da sua perspectiva, Deus deseja que você pare de depender de seu emprego e passe a canalizar seu dom.

Não existe futuro em emprego algum. O futuro está na pessoa que mantém seu emprego (você). Leve seu dom com você; ninguém pode tirar-lhe o dom. Seu futuro está em seu trabalho. Pense além de seu emprego.

O Poder do Trabalho

Você não nasceu apenas para ganhar a vida. Você nasceu para fazer diferença no mundo. O mundo precisa de você. Seu próximo precisa de você – e você precisa de seu próximo. Pode ser que ainda não conheça seu propósito de vida, mas ele está dentro de você. E Deus o conhece e deseja revelá-lo.

Seu propósito de vida pode parecer ainda estar na forma de semente, mas se você se lembrar do que dissemos no Capítulo 6, perceberá que seu trabalho é sua semente, e sua semente é seu trabalho. À medida que você planta seu dom, você cresce em seu trabalho; você o multiplica. Uma semente minúscula carrega dentro de si a capacidade de tornar-se uma forte árvore frutífera.

Conheci uma moça em Mount Airy, na Pensilvânia, quando fui palestrante em uma conferência. Ela era camareira no hotel, mas comparecia às minhas palestras. Ela ouviu quando ensinei sobre a importância de acharmos nosso dom e vivermos nosso potencial. No penúltimo dia da conferência, ela me procurou e disse: "Você despertou meu dom hoje."

No dia seguinte, aquela camareira me trouxe biscoitos que ela mesma havia feito. Ela simplesmente os deu a mim, e disse: "Este é o meu dom". Levei-os para o quarto do hotel e dei uma mordida em um dos biscoitos. Então tive uma *experiência* extraordinária. Tive que tirar meus sapatos e sair dançando! Não sei o que aquela moça pôs naquele biscoito, mas seja lá o que for, eu nunca havia provado nada igual. Voltei para a palestra da noite e a encontrei. Eu lhe disse: "Olhe, com certeza este *é* o seu dom. Você não se enquadra como camareira de hotel, fazendo camas o dia todo. Você é uma confeiteira e precisa começar a usar esse dom para servir." Eu a instruí a começar a fazer aqueles biscoitos e distribuí-los gratuitamente para sua família e amigos – como se faz com drogas ("o primeiro é por nossa conta") – apenas para saber o que aconteceria.

Voltei a Mount Airy exatamente um ano mais tarde. Havia muitas pessoas na conferência, mas uma se destacava. Ela estava vestida elegantemente e tinha a aparência de alguém que possuía um milhão de dólares. Nem pude reconhecê-la, mas era, sim, a mesma moça. Ela disse: "Lembra-se de mim? Sou a moça do ano passado – a moça do biscoito."

Eu disse: "Minha nossa! Você tem mais daqueles biscoitos?" Ela me entregou uma linda sacola, com um nome lindo impresso nela, e dentro estavam alguns daqueles biscoitos, embrulhados em celofane com uma linda etiqueta. Então, ela me contou sua estória.

"Quando você foi embora, comecei a assar biscoitos e a dá-los às pessoas. Comecei, então, a receber encomendas; minha família passou a encomendar quilos de biscoitos para suas festas, e o mesmo ocorreu com meus companheiros de trabalho no hotel. Passei a assar centenas de biscoitos todas as semanas. Hoje possuo uma fábrica de biscoitos e emprego mais de cem pessoas. As lojas da cidade, e até as livrarias, passaram a comprar meus biscoitos. Não sou mais camareira no hotel."

Dei-lhe um beijo, peguei a sacola, e voltei para meu quarto no hotel. Eu mal podia esperar para degustar os biscoitos. Quando abri a sacola, encontrei um envelope branco selado. Ao rasgá-lo, encontrei US$ 10.000,00 com um pequeno cartão de agradecimento. Ele dizia: "Obrigada por ajudar-me a canalizar o meu dom."

Creio que precisamos de mais "moças dos biscoitos" em nossos dias. Que tremendo testemunho foi aquele do poder que há em canalizar seu dom.

As Chaves do Reino Contra Uma Crise de Desemprego

Este livro trata de como superar todas as crises. Ele o ensina como assumir a perspectiva do Reino de Deus, de forma que você não somente supere todas as crises em sua própria vida, mas também alcance um novo nível de maturidade.

Uma crise de desemprego se encaixa perfeitamente na definição de qualquer outra crise: *A crise é um evento, uma circunstância, ou uma situação que afeta você ou seu ambiente, e sobre o qual você não possui nenhum controle ou responsabilidade direta*. Em uma crise de desemprego, não há nada que você possa fazer para mudar a situação. De alguma forma você perdeu seu emprego, e não pode reavê-lo. Na maior parte das vezes, você é pego de surpresa. Num belo dia, você vai para o trabalho, como sempre faz – afinal, esse é seu emprego, certo? Então, seu chefe o chama para uma conversa e você descobre que não tem mais o emprego. Ainda que você pudesse pressentir o que estava para acontecer, o choque seria inevitável. Dificilmente estamos adequadamente preparados para perder o emprego.

Você não possui controle algum sobre o resultado daquela reunião com seu chefe; tampouco pode implorar para ser recontratado. E ainda que o fizesse, ele já tomou a decisão e não mudará de ideia. Você simplesmente não pode mais trabalhar naquele local.

Contudo, você *possui* controle sobre seus pensamentos e percepção. Sempre é possível controlar o que acontece em sua mente; você pode avaliar a circunstância e chegar a uma resolução a respeito. Você pode adotar uma disposição mental alinhada aos princípios do Reino sobre aquela situação e será exatamente essa disposição mental que o protegerá da iminente crise do desemprego.

Uma perspectiva do Reino o ajudará a procurar o trabalho além de seu emprego, e com ela você será capaz de tomar boas decisões sobre o que fazer a seguir. Você não entrará em pânico e não ficará depressivo.

Com uma mentalidade alinhada com o Reino, você conseguirá vislumbrar o todo com maior clareza. Ainda que centenas de outras pessoas também estejam sendo dispensadas de seus empregos, ainda que toda a economia esteja declinando rapidamente, você ficará firme em Deus, porque saberá que Ele o está segurando firmemente. Você não se esquecerá que Deus o colocou aqui por alguma razão especial, e com certeza não é enfrentar a fila de desemprego. Tudo isto é apenas temporário e você sabe disso, pois sua permanência está em Deus – Ele é a Rocha que não pode ser movida. Apegue-se a Ele e você será capaz de focar em seu verdadeiro trabalho, que é muito mais que seu emprego.

Uma Nação em Depressão

Se você possui uma mentalidade segundo o Reino, não precisará entrar em depressão, ainda que sua nação inteira entre em uma depressão econômica, o que com certeza tem potencial para causar depressão em massa em seus cidadãos, já que a psique do país pode transformar-se em um espírito negativo. Isso é pior que uma recessão que simplesmente reflete o impacto de certos eventos sobre a economia. Uma depressão econômica causa desespero e as pessoas perdem a esperança. Elas sentem que não possuem controle algum sobre eventos que são muito maiores que elas, e por isso, se desesperam. Sua subsistência lhe foi tirada. Suas vidas são assumidas por algum banco ou companhia que toma posse de seus bens materiais. As pessoas atingem o fundo do poço e o suicídio pode vir a se tornar uma opção.

Uma crise se junta à outra crise. A violência doméstica, o divórcio, o abandono, o abuso e o crime aumentam. As pessoas começam a ferir umas às outras, porque estão muito frustradas e desesperadas por não terem controle algum sobre as situações. Tentam ganhar dinheiro de formas ilegais e ilícitas. Uma crise severa sempre tem efeito cascata.

As pessoas passam a viver amedrontadas; trancam suas portas e vigiam aquilo que ainda lhes resta. Sentem-se ameaçadas e defendem-se, muitas vezes com violência.

As pessoas se sentem impotentes diante de uma crise desta proporção, como se tivessem sido pegas por um furacão ou tornado. O que podem fazer agora? Tudo está além de seu controle. Elas não são as responsáveis pela crise – esta simplesmente caiu sobre suas cabeças, como uma enorme tempestade que não podem deter. Seu mundo está girando sem controle.

O Poder da Reação

Você não é obrigado a ser engolido pela tempestade. Mesmo que toda a sua nação esteja em crise e não haja nada que você possa fazer sobre suas circunstâncias, ainda lhe resta uma coisa: o poder de sua reação. Você pode optar por ver a situação da perspectiva de Deus. Você pode se firmar Nele, sabendo que Ele o ajudará a discernir o que fazer.

Lembre-se: você sempre está no controle de sua mente e de sua percepção do que está ocorrendo. Você pode não controlar o furacão ou o tornado, ou a crise que agita tudo à sua volta, mas com certeza pode controlar o modo como você raciocina sobre ela.

Sua percepção é de suma importância, pois a forma como você avalia algo determina como você reage a ela. Com certeza você já ouviu esta expressão diversas vezes: "Não faça tempestade em copo d'água". É isso mesmo, tudo é uma questão de percepção.

Vivemos mais daquilo que pensamos sobre nossas circunstâncias do que delas mesmas. O mais importante não é o que acontece a você, mas o que você faz a respeito do que lhe acontece. Em outras palavras, sua reação é mais importante do que sua experiência. Essa é a razão porque é tão importante certificar-se de que sua reação como indivíduo baseia-se em uma forma de pensar segundo o Reino. Se tivermos um número significativo de indivíduos com uma mentalidade segundo o Reino, uma comunidade maior de pessoas poderá ser afetada de forma positiva, até mesmo a nação inteira.

Imagine que a tempestade já o tenha atingido, e que esteja fazendo estragos por onde passa. Ficar parado sem fazer nada não é uma opção; você não pode simplesmente se sentar e esperar que a crise passe. Você acabou de perder seu emprego e precisa encontrar outra fonte de renda. Ainda que a nação inteira esteja sendo torturada pela depressão econômica, você precisará encontrar uma forma de alimentar sua família.

Não espere por uma doação do governo, ou que alguém lhe traga a solução. Não se sente em sua casa orando, esperando que Deus lhe jogue uma cesta básica pelo telhado. É melhor que você enfrente o mundo e comece a fazer alguma coisa. Se você é parte do Reino de Deus, tem por obrigação ser proativo, ter iniciativa. Deixe de ser um consumidor... Passe a ser um *assumidor*, ou seja, pare de ser uma vítima, e comece a ser aquele que gera as vitórias.

Não fazer nada não é uma opção. Portanto, você precisa reagir, e precisa fazê-lo de forma eficaz.

O Poder dos Pensamentos e das Palavras

Já que a única coisa que você pode controlar em meio a uma crise são seus próprios pensamentos, é essencial que você preste muita atenção a eles. Às vezes, assumir o controle de nossos pensamentos é como tentar colocar uma sela em cavalos selvagens, mas isso não significa que não tenhamos que fazê-lo. É perfeitamente possível controlar sua percepção a respeito da situação de crise, e você deve fazer isso, se espera superá-la.

Uma percepção sob controle não é, em absoluto, uma fuga da realidade, e sim apenas sua reação a ela. Você pode determinar o que uma coisa se tornará para você através do nome que você dá a ela. Sua reação a uma coisa é controlada e determinada pela percepção que você tem dela.

Você pode chamar a sapatos novos de "sapatos", enquanto eu posso chamá-los de "vacas mortas"; ou seja, demos nomes bastante diferentes à mesma coisa. Talvez minha reação aos sapatos novos tenha o intuito de servir como insulto, pois é negativa e causa certo choque aos ouvintes. Posso concluir que eu nunca deva calçá-los. Muitas conclusões podem ser extraídas de umas poucas palavras simples.

A história de Lázaro na Bíblia ilustra o poder da percepção (veja os capítulos 11 e 12 no Evangelho de João). A doença de Lázaro foi uma crise, não apenas para ele mesmo, mas também para suas irmãs e amigos.

Jesus era um dos melhores amigos de Lázaro, e ele estava fora no campo, com seus discípulos, quanto Lázaro caiu doente. Marta e Maria, as irmãs de Lázaro, enviaram várias mensagens a Jesus. Quando lemos a história, vemos que as palavras de Jesus constantemente contradiziam as mensagens das irmãs.

Quando elas disseram: "Lázaro está doente", Jesus respondeu: "A doença não acabará em morte."

Quando elas disseram: "Lázaro piorou", Jesus respondeu: "Ele vai melhorar."

Quando elas enviaram uma mensagem que dizia: "Lázaro está fatalmente doente", Jesus respondeu: "Não se preocupem, ele vai ficar bem."

Quando enviaram uma última mensagem dizendo: "Lázaro morreu", Jesus respondeu: "Ele não está morto; está apenas dormindo."

Será que Jesus estava fora da realidade? Ao contrário, Ele estava expressando a realidade da situação melhor que qualquer outra pessoa poderia tê-lo feito. Se Ele dissesse que Lázaro estava morto, estaria também dizendo que estava tudo acabado e que ninguém poderia despertá-lo. Mas quando Ele disse que ele estava apenas "dormindo", Ele alterou Sua reação à situação; por esta razão, fez sentido quando Ele disse aos discípulos: "Vamos lá desperta-lo."

O mesmo se aplica se você acabou de perder seu emprego. Se você se enxergar como "desempregado", concluirá que é um fracasso sem esperanças que não consegue lidar com a vida, e sua reação com certeza será desistir. Mas se você é mais como aqueles que veem a *crise* como uma palavra que inclui uma "oportunidade", você passará a se enxergar como "ainda não empregado" – em outras palavras, sua reação será buscar a próxima oportunidade.

Quando falo sobre manter sua percepção e sua reação sob controle, não estou sugerindo que você negue a realidade. Você apenas não permitirá que as circunstâncias tirem vantagem de você. Você estará enxergando a realidade mais profunda que está obscurecida pelas circunstâncias.

Com tudo isso, não estou tentando dizer que na verdade não existe uma crise econômica, e que as pessoas não estão perdendo seus empregos e casas. Também não estou dizendo que algo ruim seja, na realidade, bom. Estou apenas dizendo que minha interpretação dos fatos é diferente. Venho de uma cultura diferente – uma cultura do Reino. Na cultura do Reino dos Céus podemos dizer: "Então, agora vamos despertar o que dorme".

O Poder das Palavras

Não subestime o poder das palavras. Você verá que o livro de Provérbios é uma fonte rica em informações Bíblicas sobre as palavras. Pondere sobre este provérbio, por exemplo: "A língua tem poder sobre a vida e sobre a morte; os que gostam de usá-la comerão do seu fruto" (Pv 18:21). A versão Bíblica The Message (A Mensagem) traduz desta maneira: "As palavras matam, as palavras dão vida; elas podem ser um veneno ou uma fruta – você escolhe" (Pv 18:21, TM).

Em outras palavras, ainda que tudo esteja desmoronando, a coisa que tem maior poder sobre a vida e a morte é a língua humana – as palavras. Se você disser, "Senhor, como poderei sobreviver até o final do mês?", você comerá o fruto disso, pois acabou de falar palavras de morte sobre sua esperança e fé. Será melhor se você escolher palavras de vida: "Senhor, eu sei que o Senhor me ajudará a sobreviver até o final do mês."

A morte e a vida não estão nas circunstâncias ou no ambiente; da mesma forma, não estão em eventos ou na crise. A morte e a vida estão naquilo que você diz sobre a situação. Outro provérbio diz: "Com a boca o ímpio pretende destruir o próximo, mas pelo seu conhecimento o justo se livra" (Pv 11:9). Tome esta verdade e aplique-a a perdas de emprego. Não diga às pessoas: "Puxa, todo mundo está sendo dispensado do trabalho. É melhor você tomar cuidado, porque dificilmente escapará disso. Com certeza, você será dispensado também. Essa crise será dura para todos, e você pode não sobreviver a essa desaceleração econômica. Pode até ser que você perca sua casa, seu carro, o cachorro e o CD Player..." Ao invés disso, diga às pessoas à sua volta: "Tenho certeza que você tirará esta crise de letra. Quando tudo passar, você será mais forte do que é hoje. Sua família também ficará bem; você será criativo, corajoso, e com certeza, prosperará". Diga ao seu próximo: "Existe vida além da provação, então, encontro com você do outro lado!"

Suas palavras possuem muito poder. O escritor de Provérbios prossegue:

> *Pela bênção dos justos a cidade é exaltada,*
> *mas pela boca dos ímpios é destruída.*
> *O homem que não tem juízo ridiculariza o seu próximo,*
> *mas o que tem entendimento refreia a língua.*
>
> *Provérbios 11:11-12*

Você é o homem "justo" de Provérbios 11:9 e 11, e é também um cidadão do Reino dos Céus. Isto significa que você possui certo conhecimento que os cidadãos comuns da terra não possuem. Momentos de crise são o tempo certo de aplicar um pouco dessa sabedoria divina à situação. Seu Salvador conseguiu vencer o mundo, e é certo que você vencerá esta crise.

Ajuste sua perspectiva, afinal, você realmente é cidadão do Reino dos Céus. No momento, você está vivendo na terra, mas é governado por um Rei que regulamenta seu coração, então, permita que a percepção Dele domine sobre a percepção de qualquer pessoa de fora.

Você pode ser como todas aquelas pessoas na Bíblia que foram promovidas – caso você ainda não tenha notado, todas elas simplesmente desabrocharam após cada crise, sempre. Daniel era subsecretário do governo. Depois de sair da cova dos leões, o rei o promoveu a sátrapa, que era o mesmo que Vice-Primeiro-Ministro. José era apenas um escravo na prisão, trabalhando como assistente do carcereiro. Depois que saiu da prisão para interpretar o sonho do faraó, foi promovido a ser o segundo homem no comando de toda a nação.

Você vem pedindo a Deus por uma promoção? Esta crise onde você se encontra agora pode ser o plano de Deus para responder à sua oração. Então, aceite o plano e não se aborreça com ele. Não perca sua paz ou fé no Rei; ao invés disso, peca-Lhe ajuda ao ponderar sobre a crise. Use palavras cheias de fé quando você se referir à crise.

Tome posse de declarações Bíblicas. A Bíblia diz: "...diga o fraco: Eu sou forte" (Joel 3:10, Almeida RA). O texto não diz que o fraco tem que *sentir-se* forte. Deus apenas diz ao fraco que declare em meio à crise: "Eu *sou* forte."

A Crise É Uma Fonte de Criatividade

Uma crise é simplesmente uma alteração no ambiente que demanda uma reação nova e imprevista. Esta é uma das razoes porque digo que a crise é uma fonte de criatividade.

Quando você se dá conta do que está acontecendo, verá que a situação exige que você reaja. Em grande parte, é possível manter seus pensamentos, percepções e reações sob controle. Se você adotar uma perspectiva segundo o Reino a respeito da crise, sua mente não será paralisada pelo medo.

Frequentemente, você descobrirá que é possível encontrar uma solução completamente inédita. Você pensará em estratégias e reações que não terão ocorrido a ninguém mais.

Vejamos o caso do apóstolo Paulo. Eis uma de suas declarações na carta aos Romanos: "E sabemos que todas as coisas concorrem para o bem daqueles que amam a Deus, daqueles que são chamados segundo o Seu propósito" (Rm 8:28). Como é possível frustrar um homem com tal perspectiva? Ele crê – e deseja que nós também creiamos – que Deus faz com que *todas* as coisas cooperem para o bem daqueles que O amam, mesmo as coisas mais horrendas. Paulo estava familiarizado com crises; ele perdeu a conta de quantas vezes foi expulso de uma cidade, banido, apedrejado, vítima de naufrágios, e assim por diante. E ainda assim, ele estava firme em sua perspectiva de que Deus usaria cada circunstância para o seu bem.

Será que isso acontecia porque Paulo era apóstolo, ou seja, um homem super santo e super bondoso? Não, ele amava a Deus e sabia que Deus o havia chamado de acordo com Seu propósito – essa era a razão de sua esperança. Paulo possuía uma mentalidade segundo o Reino.

Paulo sabia que havia sido enviado para ajudar a infiltrar a cultura do Reino na cultura da terra. Aquele que O havia enviado estava no controle de tudo, inclusive da última crise. Sendo assim, por que ele deveria duvidar que Deus estabeleceria Seu plano a despeito de todas as crises (que Lhe eram tão insignificantes)?

Paulo sabia que somente precisava estar aberto às sugestões criativas de Deus sobre como lidar com a crise. As pessoas da cidade desejam matá-lo? Talvez você possa escapar dos limites da cidade dentro de um cesto (veja Atos 9:23-25). Seus inimigos desejam colocá-lo em uma fornalha ardente? Talvez Deus o faça não inflamável como Sadraque, Mesaque e Abednego (veja Daniel 3). Você e seu povo foram condenados à aniquilação? Talvez Deus planeje dar-lhes coragem surpreendente e estratégias perspicazes, como fez com Ester (veja o livro de Ester).

Se você faz parte do Reino de Deus, até mesmo a crucificação se transforma em vitória. Deixe-se permear com uma perspectiva do Reino a respeito de sua crise. Isso o ajudará a vencer.

Altos e Baixos

Recentemente, minha esposa e eu estivemos em Orlando, na Flórida, e jantamos na residência de um amigo que mora em uma daqueles condomínios fechados de alta classe. A menor casa do condomínio valia meio milhão de dólares, e as demais variavam até dois milhões.

Para minha surpresa, meu amigo me disse que aquele condomínio fechado não estava à prova da presente crise econômica. Aliás, por todos os lados pessoas estavam perdendo suas casas em execuções hipotecárias. Ele nos disse: "Para muitos de meus vizinhos, sua carteira de ações ruiu em um dia, e eles, de milionários, passaram a ser pobres".

Eu lhe respondi: "Você não pode estar falando sério."

Então, após o jantar, ele me levou para um pequeno tour em sua vizinhança, e juntos, contamos as placas de "Vendese": um, dois, três, quatro... As casas estavam todas vazias, pois os donos haviam acabado de se mudar. Seus ativos haviam desaparecido.

Como explicar para o seu filho de cinco anos a razão porque você se mudou de uma mansão de 2 milhões de dólares para um apartamento? Essa é uma crise como qualquer outra.

Todos nós estamos em escadas rolantes na vida. Alguns estão subindo e outros descendo. Ninguém está imóvel. Não existe, absolutamente, estabilidade verdadeira em suas circunstâncias. Ainda que você possua PhD, estabilidade profissional, e seja membro de um sindicato, poderá vir a perder seu emprego. Mesmo que tenha milhões de reais, você poderá vir a perder tudo com muita facilidade.

Por essa razão, você deve manter um olho na escada rolante, sempre com o outro olho em Deus. Transfira suas expectativas de uma dependência externa para uma revelação interna de quem você realmente é como cidadão do Reino de Deus. Continue avançando e crescendo. Você está na escada rolante para o Céu!

CAPÍTULO 9

Implantação do Reino

Sem a força para suportar a crise, é impossível ver a oportunidade que ela contém.
É no processo da resistência que a oportunidade se revela.

— *Chin-Ning Chu*

Uma carreira de sucesso *não* deveria ser o alvo em sua vida – ou na minha. Mais que um bom emprego, nosso alvo na vida deveria ser uma implantação de sucesso. O que quero dizer com isso? Analisemos a palavra *implantação* em contraste com *emprego* – essas palavras estão relacionadas, mas não são iguais.

Como cidadão do Reino do Céu, seu emprego – ou o local onde você ganha seu salário – lhe dá uma oportunidade de servir e de usar o dom que Deus lhe deu no contexto de um grupo corporativo. O local físico de seu emprego pode ser grande ou pequeno. Sua descrição de cargo pode ou não envolver uma atuação que ultrapasse esse local específico. Mas na maior parte das vezes, sua influência é relativamente limitada.

Entretanto, ser *implantado* como um cidadão do Reino de Deus significa que você descobriu quais são seus dons e agora é capaz de "servir com seu dom" a toda sua geração. Você serve em um contexto muito maior de pessoas, e para uma "organização" muito maior – o Reino dos Céus. À medida que trabalha e serve, você faz muito mais que ganhar um salário e colaborar para que a economia local permaneça andando. Seu trabalho e serviço vêm de seu relacionamento com o Rei, e você está em obediência aos desejos Dele. Você é capaz de fazer seu trabalho, porque pode usufruir da energia e dos outros recursos que Ele lhe supre.

Implantação é a doação de seus dons naturais ao mundo ao seu redor, ou seja, quando você é implantado, você oferece seu próprio dom ao mundo. Implantado como um cidadão-soldado do Reino, você pode estar certo de que os resultados de seu trabalho terão significância eterna. Seu trabalho faz diferença, e o fruto de seu trabalho permanece. Eis o que Jesus disse a respeito da implantação do Reino:

> *Permaneçam em mim, e eu permanecerei em vocês. Nenhum ramo pode dar fruto por si mesmo, se não permanecer na videira. Vocês também não podem dar fruto, se não permanecerem em mim.*
>
> *"Eu sou a videira; vocês são os ramos. Se alguém permanecer em mim e eu nele, esse dará muito fruto; pois sem mim vocês não podem fazer coisa alguma.*
>
> *João 15:4-5*

Uma pessoa que foi implantada é aquela que assumiu uma posição e está pronta para agir, muito semelhante a um soldado que está posicionado em formação de batalha, ao lado de outros soldados. Os dons dessa pessoa serão melhor utilizados nessa posição, e essa pessoa, com certeza, foi preparada de antemão para o destacamento.

Da mesma forma que uma pessoa empregada possui um empregador, assim também uma pessoa implantada, ou destacada, possui um "implantador". Em seu caso, Aquele que implanta ou destaca você é o Próprio Deus. Ele é Quem o posiciona para servir e ser útil. Além disso, Ele é Aquele que o treina antes de destacá-lo.

Criado Para Servir, Destinado À Grandeza

Você foi criado para ser implantado e para servir o mundo à sua volta com a compaixão e a energia do Reino. O Reino de Deus é caracterizado por uma cultura de serviço, e Jesus é o exemplo máximo desse tipo de servidão. Jesus tanto ensinou quanto deu forma a essa cultura. Ele explicou aos Seus discípulos que eles não deveriam buscar status ou altas posições, e que ao invés de buscarem dominar os outros, eles deveriam servi-los:

> *Jesus os chamou e disse: "Vocês sabem que os governantes das nações as dominam, e as pessoas importantes exercem poder sobre elas.*
>
> *Não será assim entre vocês. Ao contrário, quem quiser tornar-se importante entre vocês deverá ser servo, e quem quiser ser o primeiro deverá ser escravo; como*

o Filho do homem, que não veio para ser servido, mas para servir e dar a sua vida em resgate por muitos".

Mateus 20:25-28

Nas palavras de Jesus: "Quem quiser se tornar importante entre vocês deverá ser servo, e quem quiser ser o primeiro deverá ser escravo". Uma pessoa que é a "primeira" é também a primeira a quem outros chamam quando possuem uma necessidade. Uma pessoa que é "importante" pode ou não ocupar um cargo político, ou alguma posição de liderança no mundo, mas essa pessoa é vista como alguém diligente e confiável.

As pessoas estão sempre pedindo sua ajuda? Se estiverem, tome isso como um bom sinal de que você está refletindo o caráter do seu Rei. Mas se isso não acontece, talvez seja hora de dar uma boa olhada em sua atitude, seus hábitos de trabalho e suas motivações. Pode acontecer das pessoas perceberem que você não é alguém inclinado a servir e que, ao invés disso, você se concentra mais em si mesmo. Talvez percebam que em lugar de compartilhar com os outros, você tende a ser egoísta e até mesmo a exigir que o sirvam.

Qual é outra maneira pela qual você pode estar certo de estar refletindo o caráter do Rei e de ter um verdadeiro coração de servo? Analise sua atitude em relação ao trabalho. Você assume sua parcela de trabalho sem murmurar ou reclamar? Se o faz, então você provavelmente já está implantado no serviço do Rei. Você provavelmente já sabe que ser um servo não é uma coisa ruim. Muito diferente de indicar que você é meramente uma pessoa subserviente, encontrar alegria em seu trabalho indica que você encontrou também seu dom – ou dons – divino, e que está disposto a compartilhar o que Ele lhe deu com o mundo à sua volta.

E isso basta para fazê-lo "grande" ou "importante" no Reino de Deus.

O Poder de Seus Dons

O Reino de Deus opera de maneira única, pois é o único reino no mundo que elege cada cidadão como rei em seu próprio direito. Você é um rei, eu sou um rei, e a pessoa que se sentou perto de você no culto da semana passada é um rei também.

Isso é um alto privilégio e uma alta honra. Ser rei também carrega uma expectativa implícita de que eu e você passaremos todos os dias de nossas vidas servindo. Somos os reis servos. Progredimos, subindo na escada da administração do Reino, à medida que humildemente servimos aos outros. Somos reis que servem ao mundo com nossos dons divinos.

Neste Reino, nossa realeza reflete o mandato divino da administração de nosso Rei. Fomos criados para sermos reis sobre arenas específicas. Recebemos recursos especiais sobre os quais temos a responsabilidade de exercer a autoridade do Reino. Não possuímos autoridade do Reino sobre nossos co-cidadãos do Reino, mas sim sobre uma vasta gama de recursos.

Os recursos sobre os quais exercemos autoridade do Reino são determinados de acordo com nossas áreas específicas de dons. Fomos implantados no mundo para exercitarmos essa autoridade com a sabedoria e influência do Reino, e, como resultado, com a grandeza do Reino. É como o provérbio declara: "O presente abre o caminho para aquele que o entrega e o conduz à presença dos grandes" (Pv 18:16).

Essa é a razão porque nos referimos ao Senhor Jesus como o Rei dos reis e o Senhor dos senhores. Não somente Ele é o governador de governadores deste mundo, mas é também governador de centenas de milhares de pessoas como você e eu - crentes que são cidadãos-reis em Seu Reino. Ele é capaz e está disposto a equipar cada um de nós para nossos papéis específicos e depois nos sustentar neles.

Embora Deus exija que você e eu sirvamos de forma humilde e que trabalhemos arduamente sob seu Reino, também recebemos a garantia de uma recompensa gloriosa: uma vida eterna repleta da Presença galardoadora Dele. Em meio às nossas vidas de serviço, descobrimos que todos os dias são dias bons. O Reino de Deus é a entidade mais estável de todas – e você e eu somos parte dele.

Liderança e Trabalho

Como rei no Reino de Deus, você é líder e servo ao mesmo tempo; você é um servo-líder. Seu Rei o ama, e é Seu prazer permitir que você compartilhe de Seu governo sobre a terra.

Mas ser um rei no Reino não significa que você terá passagem livre para fazer o que quiser. A fim de assumir seu papel, você deve, antes, concordar com a ideia de que deverá *trabalhar.* De fato, ser implantado como parte da mão-de-obra do Reino implica em trabalhar arduamente. Entretanto, você não se ressentirá de trabalhar duro para seu Rei e para Seu Reino, porque você encontrará satisfação em usar os dons que Ele lhe deu. Na medida em que trabalha, você achará ânimo para tornar-se fértil e produtivo. Você terá particular alegria em receber a comenda: "Muito bem" de seu Rei. Seu trabalho no Reino é muito diferente de seu trabalho em seu local de emprego. Embora muito de sua implantação no Reino possa e realmente envolva seu emprego terreno, o critério de pagamento e as recompensas são muito distintos. Em seu local de emprego, você busca seu salário. Pode ser que você goste – ou não – daquilo que faz em seu emprego; pode até ser que consiga aplicar prazerosamente seus dons – nesse caso, melhor para você. Mas a verdade é que em seu local de *implantação*, sua recompensa é o próprio trabalho. Você avança cada dia, trabalhando no setor do "jardim" que Ele lhe designou, e como Seu colega de trabalho, você tem uma parcela na criatividade Dele.

Em sua tarefa no Reino, você expressa uma porção do senhorio de Cristo. Você é uma espécie de vice-rei, trabalhando e liderando o caminho, trazendo vida ao que está morto e luz às trevas. Você está trabalhando lado a lado com o Rei.

Quando Deus criou a terra e tudo o que há nela, Ele trabalhou. Ele *labutou*, tanto no sentido de trabalhar quanto no sentido de dar nascimento. Ele trabalhou a fim de dar à luz as maravilhas que estavam ocultas dentro Dele.

Então, quando Deus criou Adão e Eva e os dignificou com o papel de co-trabalhadores com Ele, administrando tudo o que Deus havia criado, Ele os liberou para fazerem a mesma coisa – trabalharem para trazerem à existência as maravilhas que estão ocultas dentro deles na forma de dons. Os dons eram, como já disse em capítulos anteriores, como sementes. Plantar e cuidar dessas sementes são o nosso trabalho. À medida que executamos nosso trabalho, nos sentimos satisfeitos porque encontramos nosso verdadeiro propósito.

A palavra grega para "trabalho" usada em todo o Novo Testamento é *ergon*. Ela possui muitas variações de significado, sendo uma delas "tornar-se". Através de seu trabalho, você "se torna", ou seja, você cumpre seu potencial e, no processo, você se satisfaz. Você se manifesta como a pessoa que Deus criou, e libera seus dons divinos enquanto doa de si mesmo. Você dá à luz seus dons, como uma mãe em trabalho de parto dá à luz seu filho. Enquanto trabalha, você se "oferece" ou "serve", liberando seu dom de forma contínua.

Verifique estes versículos do Novo Testamento nos quais a palavra grega para trabalho – *ergon* – é usada (Coloquei as palavras-chave em negrito.)

> *No princípio, Senhor, firmaste os fundamentos da terra, e os céus são obras das Tuas mãos.*
>
> *Hebreus 1:10*

> *Porque somos criação de Deus realizada em Cristo Jesus para fazermos boas obras, as quais Deus preparou antes para nós as praticarmos.*
>
> *Efésios 2:10*

> *Mas, assim como é santo aquele que os chamou, sejam santos vocês também em tudo o que fizerem, pois está escrito: "Sejam santos, porque eu sou santo". Uma vez que vocês chamam Pai aquele que julga imparcialmente as obras de cada um, portem-se com temor durante a jornada terrena de vocês.*
>
> *1 Pedro 1:15-17*

E a cada um de nós foi concedida a graça, conforme a medida repartida por Cristo. Por isso é que foi dito: "Quando ele subiu em triunfo às alturas, levou cativos muitos prisioneiros, e deu dons aos homens." E ele designou alguns para apóstolos, outros para profetas, outros para evangelistas, e outros para pastores e mestres, com o fim de preparar os santos para a obra do ministério, para que o corpo de Cristo seja edificado, até que todos alcancemos a unidade da fé e do conhecimento do Filho de Deus, e cheguemos à maturidade, atingindo a medida da plenitude de Cristo.

Efésios 4:7-8; 11-13

Busquemos formas de incentivarmos uns aos outros a atos de amor e às boas obras.

Hebreus 10:24, NLT

E isso para que vocês vivam de maneira digna do Senhor e em tudo possam agradá-lo, frutificando em toda boa obra, crescendo no conhecimento de Deus e sendo fortalecidos com todo o poder, de acordo com a força da sua glória, para que tenham toda a perseverança e paciência com alegria, dando graças ao Pai, que nos tornou dignos de participar da herança dos santos no reino da luz.

Colossenses 1:10-12

Seja Uma Solução

Como funcionário do jardim de Deus nesta terra, você nasceu para solucionar um problema; você é a resposta de

Deus diante de uma necessidade, e o cumprimento de um dos desejos de Deus. Você é a resposta a uma pergunta que Deus sabia que levantariam especificamente na geração em que você nasceu. Você foi designado a pertencer a esta geração, e esta geração necessita experimentar o que você pode trazer a ela.

Em suma, *você é necessário!*

O fato de seu Rei ter destacado tantas outras pessoas nesta mesma geração não reduz sua importância para Ele ou para o Seu Reino. O Reino de Deus é vasto e está continuamente em expansão (veja Mateus 13:31-32). Ainda assim, Ele conhece cada fio de cabelo sobre sua cabeça (veja Mateus 10:30). Ele buscou você, como um pastor que procura por uma ovelha perdida (veja Mateus 18:12-14).

Ele não o escolheu e chamou a tornar-se parte de Seu Reino apenas para coletar e somar mais uma alma. Se Ele o tivesse escolhido e chamado apenas para povoar o Céu, Ele o teria levado para casa assim que você nasceu. Ao invés disso, Ele o colocou aqui, em uma geração específica, em uma família específica, e em um país específico.

Ele situou você no lugar em que está agora, e deu-lhe um trabalho a fazer. Em essência, Deus disse a você o mesmo que disse a Adão: "Seja fértil e multiplique-se". Ele tem algo muito específico para você realizar enquanto viver nesta terra. Sua tarefa terá altos e baixos, momentos gloriosos e recompensadores e outros difíceis e repletos de crise. No entanto, através de tudo, na medida em que você exerce sua co-liderança real com Ele, você compreenderá melhor o quanto é importante que você trabalhe com todo o seu coração, juntamente com seu Rei.

Os Empregos e Seu Trabalho

Como já mencionei, os empregos remunerados que você obteve ao longo de sua vida lhe foram dados, em parte, para prepará-lo para o seu verdadeiro trabalho. Se você já se entregou completamente a Deus, Ele está no controle de todos os aspectos de sua vida, incluindo a área de trabalho. Deus orquestra todas as coisas de forma harmoniosa e não desperdiça coisa alguma. Ele não desperdiçará suas experiências no mundo profissional.

É obvio que nem sempre você conseguirá perceber o que Deus está fazendo. Afinal, você está apenas trabalhando e vivendo seus dias e semanas, confiando que Deus lhe trará a recompensa. Você está seguindo o conselho do filho de Davi: "Plante de manhã a sua semente, e mesmo ao entardecer não deixe as suas mãos ficarem à toa, pois você não sabe o que acontecerá, se esta ou aquela produzirá, ou se as duas serão igualmente boas" (Ec 11:6).

Você é como um pote de barro com um tesouro dentro. De fato, é assim que o apóstolo Paulo referiu-se a cada um de nós: "Mas temos esse tesouro em vasos de barro, para mostrar que este poder que a tudo excede provém de Deus, e não de nós" (2 Co 4:7).

Paulo prosseguiu dizendo que apesar de nossa posição como os "portadores de tesouro" de Deus, nossas vidas podem ser severamente desafiadoras:

> *De todos os lados somos pressionados, mas não desanimados; ficamos perplexos, mas não desesperados; somos perseguidos, mas não abandonados; abatidos, mas não destruídos. Trazemos sempre em nosso corpo o*

> *morrer de Jesus, para que a vida de Jesus também seja revelada em nosso corpo. Pois nós, que estamos vivos, somos sempre entregues à morte por amor a Jesus, para que a sua vida também se manifeste em nosso corpo mortal. De modo que em nós atua a morte; mas em vocês, a vida.*
>
> *2 Coríntios 4:8-12*

À medida que vivemos, trabalhando e confiando em Deus, *com certeza* enfrentaremos tempos de crise; isso é garantido. Mais frequentemente do que raramente, nossas crises terão algum tipo de relação com nossos empregos. Dado o fato de que a maioria de nós passa a maior parte do tempo envolvida em algum tipo de emprego, é inevitável que um número expressivo de crises em nossas vidas aconteça em nossos empregos.

Você consegue agora enxergar seu emprego na perspectiva de Deus? Ele está usando seu emprego para prepará-lo para o seu trabalho verdadeiro, e isso inclui os momentos mais difíceis no emprego. Se você, independentemente de estar empregado ou não, se mantiver a cada dia firme em Deus, você será sempre um gerador de vida, por onde for. E é esse o seu verdadeiro trabalho: nutrir a vida do Reino em seu cantinho do mundo. Além do mais, você descobrirá satisfação pessoal quando seu *emprego* vier a tornar-se seu *trabalho*, e quando a vida de Deus passar a fluir através de cada aspecto da realidade de seu dia-a-dia.

Vivendo Pela Fé

Quando Deus criou os seres humanos, Ele designou que vivessem uma vida de Reino. Não passou muito tempo antes de Adão e Eva perceberem que teriam que viver suas vidas pela fé, pois o relacionamento tranquilo que usufruíam com Deus anteriormente havia sido prejudicado por seu pecado.

O pecado, entretanto, não alterou a intenção original de Deus. De acordo com Seu projeto original, os seres humanos deveriam guardar a eternidade dentro de seus corações. Após o pecado, embora os homens já não pudessem enxergar tão claramente, ainda assim seriam capazes de se apegar a Deus.

Depois de Jesus ter vindo à Terra, nascido, vivido, morrido e ressuscitado, viver pela fé tornou-se um pouco mais fácil, porque Ele enviou Seu Espírito Santo a cada uma das pessoas que criam Nele. Finalmente, essa vida de fé, com todos os seus altos e baixos, fazia mais sentido. Agora, cada um de nós poderia pedir a um Conselheiro que nos explicasse as coisas (veja João 14:26). E embora os crentes continuassem a enfrentar crises como antes, talvez até mais, o trabalho do Reino jamais foi impedido por crise alguma. Os discípulos – e isso nos inclui – agora podiam manter seu foco em Deus, graças ao Espírito Santo, e com isso o Reino de Deus pôde avançar. Com um pouco do Céu em nossos corações, nos tornamos capazes de resistir melhor às tempestades. Nas palavras do apóstolo Paulo (cujo trabalho pelo Reino de Deus implicou em uma crise após a outra):

> *Sabemos que quando estes nossos corpos forem desmontados e guardados como tendas, eles serão substituídos por corpos ressurretos no céu – feitos por Deus, não por homens – e nunca mais teremos que rearmar nossas "tendas" novamente. Às vezes, por não suportamos mais aguardar essa mudança final, clamamos, em*

> *profunda frustração. Comparadas com aquilo que está por vir, as condições de vida aqui são como estar hospedado em um barraco sem mobília, e estamos cansados disso! Já nos foi dado um vislumbre de nossa casa verdadeira - nossos corpos ressurretos! O Espírito de Deus aguça nosso apetite, dando-nos um gostinho do que nos aguarda. Ele coloca um pouco do céu em nossos corações, para que nunca nos contentemos com menos. É por isso que vivemos com tanto ânimo. Vocês nunca nos verão de cabeças baixas, ou arrastando nossos pés! Condições restritas aqui não conseguem nos deprimir; elas apenas nos relembram das condições de vida espaçosas que nos aguardam. O que nos mantém avançando é aquilo em que confiamos, embora não o vejamos. Você supõe que alguns buracos na estrada ou algumas pedras no caminho poderão nos deter? Quando a hora certa chegar, estaremos bem preparados para trocar o exílio pelas boas-vindas.*
>
> *2 Coríntios 5:1-8, TM*

Dou graças a Deus por mandar-nos Seu Espírito Santo, para que possamos viver pela fé e não por vista!

O Segredo Para o Sucesso do Reino

Obter sucesso no Reino é o mesmo que obter sucesso na vida pela fé. E obter sucesso na vida pela fé é um processo contínuo. Até que você pessoalmente atravesse a porta para o Céu, estará aqui, vivendo pela fé e permitindo que o Doador da fé o refine.

No início, você é apenas alguém que o Rei escolheu para habitar no Reino. À medida que você responde positivamente à Sua orientação, você descobre seus dons e o trabalho que Ele tem para você. Muitas vezes, você só dá os próximos passos em direção ao desconhecido quando passa por uma crise. Portanto, pode estar certo de que toda crise que o Senhor permite que aconteça em sua vida é uma oportunidade para crescimento. As crises em sua vida podem representar problemas significantes e aparentemente insolúveis, mas elas não são permanentes.

Deus já lhe deu a habilidade e os dons para resolver os problemas que Ele permite em sua vida. Você crê nisso?

Mesmo que você viva pela fé da melhor maneira possível, estará sempre dolorosamente consciente de suas falhas. Estas, porém, não incomodam a Deus. Para Ele, você possui grande valor. Você é exclusivo, e foi feito de forma exclusiva para lançar mão Dele em fé, a fim de prosseguir em obediência a tudo o que Ele lhe ordenar, e a fim de vencer os problemas que possivelmente estejam bloqueando seu caminho.

É possível até dizer que vencer as crises – enquanto você se segura firmemente Nele em fé – é o segredo para o sucesso no Reino de Deus. Há muitos caminhos para o sucesso no Reino de Deus – tantos quantos há pessoas; mas cada um deles exige uma vida de fé. Cada pessoa necessita ter os olhos do Espírito Santo para ver seus problemas como oportunidades, e também para perseverar em solucionar os problemas antes que eles o entravem ou destruam.

O Dom de Sua Semente

A resolução de problemas, como se constata, é uma definição de um "negócio". Na medida em que você descobre seu dom e sua tarefa, você descobre também seu verdadeiro negócio. É desta forma que sua implantação no Reino (seus dons e propósito expressos em seu trabalho) e seu emprego podem acabar se sobrepondo.

Aqui está um exemplo muito especial para mim, pois tem a ver com meu ministério. Em 1980, me dei conta que tínhamos um problema nas Bahamas; ao invés de exportarmos o Reino de Deus, nós somente importávamos quase tudo o que se referia a ele. As Bahamas não possuíam nenhuma sede de denominação, editora cristã, ou qualquer ministério que houvesse realmente nascido aqui. Era como se não tivéssemos nenhuma semente própria; ou se tínhamos, não a estávamos plantando.

Juntamente com um casal de amigos que compartilhava da mesma opinião, em 1980 decidi plantar minha semente exatamente aqui, e tornar-me líder de um ministério sediado nas Bahamas. Com a ajuda de Deus, eu desejava ter um ministério original, e não uma cópia de tantos outros.

Desde minha adolescência, eu possuía consciência de áreas de dons que Deus me havia concedido. Eu podia ver os problemas diante de mim, e desejava aplicar meus dons para resolvê-los. Eu queria fundar um negócio que tivesse tanto sucesso, que gente do Tennessee e da Inglaterra viria a *nós* para prestar contas. Assim nasceu o Ministério Internacional da Fé das Bahamas (BFMI), com uma filiação de apenas sete pessoas.

Nos quase trinta anos de sua existência, o BFMI tem se tornado um ministério que atua em diversas áreas. É o maior ministério nas Bahamas, e possui um alcance internacional extensivo. Ao lado de sua subsidiária, a Associação de Líderes do Terceiro Mundo, o BFMI agora atinge mais de 70 nações com uma mensagem carismática, não-denominacional. Estamos auxiliando no cumprimento da Grande Comissão.

Quando Jesus estava prestes a subir para Seu Pai, Ele desafiou os discípulos a "ir e fazer discípulos de todas as nações, batizando-os em nome do Pai e do Filho e do Espírito Santo, ensinando-os a obedecer a tudo o que Eu lhes ordenei..." (Mt 28:19-20). Aqui vemos que a tarefa mais importante para os crentes é "discipular as nações". A palavra *nações* vem da palavra grega *ethnos* que significa "agrupamentos comuns". Além das divisões que já conhecemos, as nações podem ainda ser divididas em agrupamentos de acordo com disciplinas. Da mesma forma que cada agrupamento étnico possui sua própria língua e cultura, assim também acontece com cada disciplina, seja ela o mundo do entretenimento, negócios, educação, política, ou medicina. Portanto, a Grande Comissão de Jesus aos Seus discípulos significa, mais precisamente, discipular agrupamentos comuns de disciplinas, Em outras palavras, discipular cada disciplina deveria ser o alvo da Igreja. Isso exige sabedoria, diplomacia e habilidade. Através do Instituto de Treinamento de Liderança Internacional, o BFMI busca preparar e equipar trabalhadores para a colheita. Não importa onde os indivíduos que estão sendo treinados hoje venham a trabalhar – no contexto de um ministério eclesiástico, ou em um negócio, ou em uma disciplina – todos eles serão capazes de operar eficazmente como trabalhadores na colheita. Eles poderão fazer o trabalho do Reino no lugar onde forem plantados.

Especialmente devido ao fato de que muito de nosso ministério seja junto a países do Terceiro Mundo, buscamos estabelecer uma base sólida de redenção, antes de nos aprofundarmos em técnicas ou preocupações acadêmicas. Falamos ao cerne da questão, o que significa dizer que ajudamos a restaurar um senso de propósito pessoal e de potencial e valor de Reino.

Minha visão pessoal é expressa nas seguintes quatro palavras: "Transformando seguidores em líderes". Por conta de minha nacionalidade, possuo uma verdadeira paixão por comunicar a mensagem de que todas as pessoas são iguais aos olhos de Deus, e todo ser humano recebe de Deus um propósito para sua vida, a despeito de todos os distúrbios sociais, das opressões do colonialismo, do comércio escravagista, e de quaisquer outras experiências de crise de longo prazo.

Você também pode descobrir sua "semente" e permitir que o Rei o envie para o campo da colheita. Talvez você nunca venha a se tornar o fundador de um ministério, mas suas aptidões, talentos, habilidades e características o capacitarão a cumprir o plano Dele para sua vida. Isto pode acontecer apesar de – ou até mesmo por conta de – qualquer crise que se apresente.

Morte e Ressurreição

Você já pensou na crucificação de Jesus como uma "crise"? No contexto deste livro sobre como superar crises, de forma alguma queremos ignorar esta questão.

Na época da morte de Jesus, o grupo de crentes não era muito grande, e com certeza não eram pessoas de influência. Assim que Jesus expirou na cruz, eles se esconderam. Apenas umas duas mulheres e um homem se atreveram a deixar-se associarem com Jesus, ao prepararem seu enterro. E agora, o que seria deles? Eles haviam deixado tudo a fim de segui-Lo, e Aquele a quem tinham seguido estava morto. Esta foi uma crise de proporções monumentais. Não apenas suas vidas estavam em perigo por conta das autoridades, mas eles também literalmente não possuíam para onde ir. O que deveriam fazer com suas vidas? Eles tinham deixado suas vidas antigas para trás, e não havia mais volta. Nem sabiam mais como ganhar a vida.

O Próprio Senhor cuidou de tudo. Ele não eliminou os perigos ou impediu novas crises, mas voltou pessoalmente para por em andamento algo novo. Foi o milagre dos milagres – Ele ressuscitou dos mortos. E então começou a restaurar as vidas destruídas daqueles a quem Ele amava.

Depois que o apóstolo Pedro desgraçou sua vida ao negar ao Senhor antes da crucificação, o Senhor ressurreto fez-lhe uma visita pessoal. Ao fazê-lo, Jesus restaurou Pedro ao seu propósito original. Você se lembra da cena? "Cuide das minhas ovelhas", Jesus disse a ele (Veja João 21:15-19). Imediatamente, muito embora Jesus também o avisasse de problemas iminentes, Pedro retomou o caminho certo. Ele e os outros permaneceriam fiéis a Jesus daquele momento em diante, ao ponto de morrerem por Ele.

O mesmo aconteceu com Saulo, cujo nome foi mudado para Paulo após seu poderoso encontro com o Cristo ressurreto na estrada para Damasco. Ele havia sido um inimigo devotado dos cristãos, matando-os por onde passava. De uma hora para outra, porém, ele mesmo foi transformado em crente e em pregador destemido das Boas Novas. Ele descreveu isso como a descoberta do propósito de sua vida: "... Agradou a Deus em Sua bondade escolher-me e chamar-me, mesmo antes que eu nascesse!... Então Ele revelou Seu Filho a mim, a fim de que eu pudesse proclamar as Boas Novas sobre Jesus aos Gentios..." (Gl 1:15-16, NLT). Depois de sua experiência na estrada para Damasco, Paulo foi *implantado*.

O Desafio

Como nação, as Bahamas ainda importam 90 por cento de tudo o que consomem. Parte disso é inevitável devido às limitações de geografia e clima. Mas creio que nossa mentalidade nacional reflete experiências históricas negativas. Nossa expectativa é de sermos parceiros caçulas no mundo. No entanto, na medida em que enfrentamos as novas crises e desafios do século 21, creio que podemos lançar mão de mais verdades e princípios do Reino. Se não o fizermos, sairemos perdendo de novo. Talvez você conheça o velho ditado popular: "Quando os Estados Unidos espirram, o Brasil contrai pneumonia". Bem, sou grato pela atual colheita de crises que têm explodido nos Estados Unidos, porque creio que nas Bahamas precisamos de uma bela sacudida nacional. Muito embora haja muitos "espirros" acontecendo, o que na verdade desejo é que permaneçamos em boa saúde, e que possamos aguentar firmes sobre nossos próprios pés. E, em termos de Reino de Deus, desejo que sejamos destacados e enviados para o restante do mundo.

Mas será que nós aceitaremos o desafio? Não sei, mas quando olho para as outras nações insulares – o Japão e a Inglaterra, por exemplo – ou outras nações bem pequenas em tamanho – tais como Israel – posso encontrar o exemplo daquilo que espero para nós. Essas nações também passaram por experiências históricas negativas, e ainda assim têm sido bem sucedidas de diversas formas.

Toda nação é composta de indivíduos, e a menos que um número expressivo de pessoas enfrente os desafios atuais, nações inteiras podem vir a vacilar. Em um nível pessoal, de que forma você tem sido atingido pela crise neste momento? Não importa se você vive nas Bahamas, ou em qualquer outro lugar. Que problemas você tem enfrentado que lhe parecem quase impossíveis de se resolver? Você perdeu seu emprego, ou acha que pode vir a perdê-lo em breve? Sua renda foi reduzida? Suas economias foram consumidas?

Peça a Deus que o perdoe por depender de seu trabalho como se fosse ele o que lhe concede significância, e peça, mais que nunca, que Ele o ajude a descobrir seu dom. Peça a Ele que o ajude a canalizar a semente que está enterrada bem fundo em você, e também que lhe mostre o que você precisa ainda refinar e desenvolver. Peça-Lhe que expanda seu conhecimento de você mesmo, e que lhe apresente o "você" que você nunca conheceu, ou seja, sua pessoa interior. Peça a Deus que lhe mostre sua semente, e decida-se a se transformar em árvore:

> *Novamente ele disse: "Com que compararemos o Reino de Deus? Que parábola usaremos para descrevê-lo? É como um grão de mostarda, que é a menor semente que se planta na terra. No entanto, uma vez plantado, cresce e se torna a maior de todas as hortaliças, com ramos tão grandes que as aves do céu podem abrigar-se à sua sombra".*
>
> *Marcos 4:30-32*

O Reino de Deus está dentro de você. Veja o que Jesus disse:

Certa vez, tendo sido interrogado pelos fariseus sobre quando viria o Reino de Deus, Jesus respondeu: "O Reino de Deus não vem de modo visível, nem se dirá: 'Aqui está ele', ou 'Lá está'; porque o Reino de Deus está entre vocês".

Lucas 17:20-21

Você está pronto para ser implantado?

CAPÍTULO 10

Maximize os Benefícios da Crise

Os chineses usam duas pinceladas para escrever a palavra "crise". Uma pincelada representa a palavra "perigo"; a outra representa "oportunidade". Numa crise, acautele-se contra o perigo – mas reconheça a oportunidade.

— *John F. Kennedy*

"Doces são os usos da adversidade" escreveu William Shakespeare; creio que isto resume uma verdade profunda.

Adversidade é o mesmo que crise. Uma crise que pode parecer destrutiva pode revelar-se altamente *con*strutiva – isto, se você souber maximizar seus benefícios. Você pode vir a enxergar um tempo de adversidade ou crise sob nova luz, se levar em conta seus muitos aspectos positivos.

Os principais benefícios de qualquer crise concentram-se em torno da forma fundamental em que uma crise é capaz de forçar-nos a tornar-nos inovadores e criativos. A crise se transforma em uma força motriz, obrigando-nos a encontrar soluções inventivas e fazendo-nos dispostos a assumir riscos. Quando estamos em dificuldade, exercitamos nossos cérebros e nossa fé como nunca antes. Toda crise é um tempo de "afogue-se ou salve-se". Lembra-se de Pedro andando sobre as águas? (Veja Mateus 14:24-33.) Pedro e os outros discípulos estavam atravessando o lago durante a noite. Seu barco já estava longe da margem, e estava sendo "fustigado pelas ondas, porque o vento estava contra ele". Isso, em si, já constituía uma crise.

Então, no meio da noite, Jesus aproximou-se de seu barco em meio à densa escuridão. Ele estava literalmente caminhando, dando passos largos sobre as ondas! Eles ficaram aterrorizados. Eles não sabiam que era Jesus; pensaram que fosse um fantasma, e sua crise só se intensificou.

Porém, Jesus Se identificou, transformando o terror dos discípulos em mero temor. Pedro, diferente de todos, deu um passo adiante – de fé. Ele desafiou o "fantasma" que dizia ser Jesus: "Senhor, se és Tu, manda-me ir ao Teu encontro por sobre as águas" (Mt 14:28).

Jesus disse: "Venha". Pedro saiu do barco e ficou maravilhado ao descobrir que realmente podia andar sobre as águas. Foi tão fácil andar sobre o mar revolto quanto seria caminhar sobre um campo arado. Ali estava ele, andando por sobre as ondas, exatamente como Jesus! Ninguém jamais havia feito aquilo.

Obviamente, aquele foi um gesto ousado de Pedro. Ninguém consegue andar sobre a superfície de um lago; simplesmente não faz sentido. A única forma de vermos sentido naquela experiência é se a considerarmos um passo de fé. Pedro só conseguiu dar uns poucos passos antes de vacilar e começar a afundar; contudo, aquilo foi suficiente para ele comprovar o poder da fé. Além de demonstrar o poder da fé, Pedro demonstrou como algo completamente inédito pode acontecer como resultado de uma crise. Ele certamente não teria passado por nada daquilo, não fosse pela tempestade.

Precisamos de Crise

Você se recorda que Pedro era um pescador, e ele naturalmente não tinha medo do mar. Sabemos de outra ocasião onde Pedro saiu de um barco e nadou até a margem (veja João 21:7-8). Sua intenção era chegar à margem mais rapidamente do que poderia com o barco, então, ele fez a única coisa lógica: mergulhou e começou a nadar. Naquele momento, ele nem considerou a possibilidade de andar sobre a superfície da água, mas na experiência anterior, durante a tempestade, Pedro foi movido a tentar algo completamente novo e jamais realizado antes. Parece que isso acontece em momentos de emergência. Esta é a razão porque posso dizer, sem hesitar: toda crise realmente tem seus benefícios.

Jon Huntsman, um rico homem de negócios e filantropo, escreveu o seguinte: "Raramente aconteceu dos seres humanos criarem alguma coisa de valor duradouro, com exceção das vezes em que estavam cansados de sofrer". Se parar para pensar, você verá que isso é verdade. Isto se encaixa com o velho provérbio popular: "A necessidade é a mãe das invenções". Um tempo de crise é como uma incubadora para a criatividade.

Precisamos de tempos de crise para sermos arrancados de nossa rotina. Sem algum tipo de crise, não somos inclinados a pensar, orar, ou trabalhar diligentemente a ponto de fazermos mudanças inovadoras. É por isso que Deus permite que crises aconteçam.

O Senhor não somente permite a crise, mas Ele mesmo a acarreta. Ele o faz, porque sabe que tribulações e problemas sempre cooperam para o nosso bem. As crises fazem com que cresçamos espiritual, mental, psicológica e emocionalmente. Elas nos fazem expandir e nos dão forte motivação para experimentarmos algo novo.

Crescimento na Crise

Tanto sua maturidade quanto sua capacidade de liderança serão testadas em tempos de crise. Você crê que é maduro, estável e forte? Uma crise revelará se seu nível de maturidade, estabilidade e força é tão bom quanto você pensa que é. É quando a crise o atinge que você descobre se realmente está no controle de sua família ou de seu negócio. E você não será o único a descobrir os fatos; as pessoas à sua volta também saberão a verdade. E se você ocupa algum nível de autoridade, logo descobrirá se é ou não um bom líder. A verdadeira liderança é testada na crise.

Quando os líderes são testados na crise, eles crescem e se tornam mais fortes. Líderes não se desenvolvem em tempos tranquilos; eles se desenvolvem e se aprimoram apenas sob pressão. Com certeza, suas qualidades de liderança serão afiadas sob a pressão de uma crise, pois a crise exige a utilização de seu potencial ainda não liberado. Quando você está sob pressão, descobre áreas de sua vida que jamais imaginou existirem. Você se torna engenhoso e trabalhador – você se torna um pensador.

Sendo a crise o berço da criatividade, e sendo a criatividade o mesmo que pensamento inovador, você logo descobrirá que tempos de crise e pressão têm o poder de movê-lo adiante, para novos campos de atuação. Nós nunca inovamos quando as coisas estão indo bem. Somos forçados a inovar quando algo não funciona bem – e é isso o que acontece em tempo de crise.

Uma crise pode revelar suas verdadeiras crenças e convicções. Você sempre disse que cria que seu Deus era fiel? Bom, e o que você diz agora que perdeu o emprego e sua casa está à venda? Na medida em que descobrir seu verdadeiro nível de fé, você se verá forcado a parar para avaliá-lo. Será que sua fé crescerá? Você passará no teste?

Inovação na Crise

Quando confrontado com uma grave crise, Abraão foi aprovado no teste com notas altas (veja Gn 22). Deus foi o autor da crise quando disse a Abraão que levasse seu único filho Isaque para o monte, a fim de sacrificá-lo sobre o altar. Abraão não possuía nada em que se firmar, a não ser a fé. Isaque havia nascido através de um milagre; se, agora, Deus desejava ter o menino de volta, Abraão não tinha outra opção a não ser a de deixar de lado seus instintos protetores de pai. Ele obedeceu. Abraão só foi detido pelo anjo, quando já havia amarrado Isaque com cordas e tinha sua mão erguida sobre ele, pronto para cortar a garganta do filho. A voz do

Senhor disse: "Agora sei que você teme a Deus, porque não me negou seu filho, o seu único filho" (Gn 22:12). Abraão havia passado um teste crítico, e por isso, Deus podia prosseguir com seu plano de fazer os descendentes de Abraão tão numerosos quanto os grãos da areia da praia. Abraão foi completamente obediente, mas ele também estava instantaneamente pronto a mudar o que ele estava fazendo. Embora a ideia fosse horrível, Abraão realmente pensou que teria que matar seu próprio filho. Felizmente, o anjo proveu um carneiro para o sacrifício, e Abraão, mais do que depressa, aceitou a substituição. Ali, ele viu a saída de seu dilema; ele tomou o animal e o sacrificou em lugar de Isaque. Abraão mostrou ter capacidade de dar uma abordagem diferente à sua situação de crise. Ao fazê-lo, ele não somente demonstrou uma fé impressionante, mas também como uma crise gera a inovação.

Então, o que é inovação? Brevemente, inovação é:

- A capacidade de criar novas abordagens e conceitos, a fim de lidar com desafios antigos e novos.
- A percepção para ver possibilidades na combinação de conceitos velhos e novos.
- A criação, o desenvolvimento e a aplicação de formas ainda não testadas de solucionar problemas velhos e novos.
- A capacidade de pensar além do conhecido, de desafiar normas, e de crer em suas habilidades pessoais de resolver problemas.

A inovação não cria novas matérias-primas – todas já foram criadas. No entanto, a inovação as re-combina de maneiras completamente inéditas. "Não há nada novo debaixo do sol", diz Eclesiastes 1:9. Tudo a que chamamos de "novo" é apenas um novo agrupamento de coisas antigas. A combinação exata e o tempo da combinação podem ser novos, mas as matérias-primas não são novas.

Tudo o que é necessário para inventar coisas novas já está presente no mundo, e é a inovação que capacita uma pessoa a ver coisas antigas com novos olhos e a combiná-las de formas novas, com novos propósitos.

Quando você vai a uma loja e compra um novo par de sapatos, aqueles sapatos são apenas uma nova tira de couro que foi cortada, estirada, costurada e colada. O mesmo acontece com cada novo livro que você compra: sua capa e páginas são feitas a partir de uma planta. Mesmo o terno novo que você compra não é nada mais que a conhecida lã de ovelhas "reformatada". Quando você compra uma linda mesa de jantar de madeira, você está, na verdade, comprando algo que não é tão novo assim, pois a mesa é uma velha árvore que passou por alguma transformação. Um carro novo é a combinação de metais antigos, produtos derivados do petróleo, e assim por diante.

Da mesma forma como você não tem a capacidade de criar novas pessoas, você também não pode criar coisas inteiramente novas (somente Deus pode fazer isso). No entanto, há sempre novas maneiras de combinar as pessoas. Você terá que escolher entre aquelas que estão a sua disposição, mas poderá inovar na forma como você combina os pontos fortes de cada uma delas.

Você é um inventor, o que significa que é um inovador e um "re-combinador". Você é criativo – não na mesma proporção que Deus foi na Criação, pois Ele fez coisas a partir do nada. Mas você pode ser criativo em unir algumas das coisas já criadas de forma nova. Parte do processo de estabelecimento do Reino de Deus sobre a terra é justamente permitir que a criatividade de Deus coopere com as circunstâncias às quais chamamos de crise. Com a unção do Espírito Santo, a criatividade pode fluir livremente. Você começará a ver as coisas de maneira diferente e encontrará soluções para problemas jamais encontradas antes.

Antes, porém, é necessário que você *tenha* um problema. Quando você se vê afrontado por um problema, você encontra ambos, motivação e razão para fazer algo novo acontecer. Se não há crise, não há resolução de problemas inovadora.

Raciocínio Inovador

A crise *exige* um raciocínio inovador, pois ela faz o cérebro expandir-se além de sua pré-definição (experiências e soluções familiares). Na crise, aquelas soluções antigas não funcionam mais, e não há "regras infalíveis" que possam ser seguidas. É preciso ter a capacidade de criar novas abordagens para lidar com os desafios.

Quando Moisés chegou às margens do Mar Vermelho com todo o povo de Israel, ele não tinha ideia de como fazer o povo atravessar o mar (Veja Êxodo 14). O tempo era curto, pois os egípcios já estavam bem próximos, erguendo uma nuvem de poeira que podia ser vista a distância. Era um cenário amedrontador, com a água intransponível diante deles e morte certa na retaguarda. Obviamente, Deus havia permitido que isso acontecesse. Note, porém, que Deus havia recentemente feito uma série de milagres para permitir que o povo deixasse sua escravidão no Egito, e que Ele ainda estava no completo controle deste êxodo em massa. O que Moisés deveria fazer?

Moisés pensou rapidamente; ele estava desesperado. "Precisamos de barcos – milhares deles". Não, não havia tempo para isso; não havia barcos. "Precisamos nadar". De maneira nenhuma. As crianças e os velhos não sabem nadar. A maioria das pessoas não sabe nadar. É muito longe. Não, ninguém vai nadar.

Isso era tudo o que Moisés podia pensar em fazer. Ele só possuía aquelas duas ideias padrão, e estava bem claro que elas não iriam funcionar. Então, Deus surgiu com boas notícias: "Diga aos israelitas que sigam avante. Erga a sua vara e estenda a mão sobre o mar, e as águas se dividirão para que os israelitas atravessem o mar em terra seca" (Ex 14:15-16). Não fez o menor sentido para Moisés, mas os milagres que ele testemunhara no Egito antes também não haviam feito sentido. Então, ele obedeceu.

Você conhece a história. Aconteceu e funcionou. O povo de Israel foi salvo, e seus perseguidores foram aniquilados. Uma crise imensa acabara de ser revertida. Os métodos antigos podem ter sido úteis em outras situações, mas não teriam funcionado nesta. Moisés precisava encontrar uma forma nova de ajudar o povo a atravessar as águas, e Deus o ajudou a fazê-lo.

Que tipo de "Mar Vermelho" está à sua frente neste momento? Você se sente como Moisés? Você precisa encontrar uma nova forma de superar sua situação atual. Não entre em pânico. Sente-se e pondere sobre a situação. Você possui um cérebro com 6 trilhões de células. Você possui o Espírito

Santo também. Seja inovador, e deixe sua crise trabalhar por você. Lute com sua crise e arranque dela seus benefícios.

Esta crise, com certeza, exporá parte de seus padrões antigos e familiares que precisarão ter um fim, ou seja, esta crise é um aviso de Deus de que suas formas antigas de fazer as coisas precisam ser postas de lado. Suas soluções antigas não funcionarão desta vez. Você precisará recombinar as coisas.

É claro que o processo não será muito tranquilo. Afinal de contas, você tentará algo que nunca foi tentado antes – um processo inovador, que por definição é arriscado, porque você terá que penetrar em território desconhecido e jamais experimentado. Sua iniciativa pode atrair críticas. Mas a menos que você tente algo novo, certamente irá naufragar.

Nunca Diga "Nunca"

À medida que você supera sua crise, precisa crer em si mesmo quase tanto quanto crê em Deus. Você precisa acreditar que Ele o equipou para prevalecer sobre sua crise, e precisa chegar ao ponto de poder dizer: "*Todo* problema tem uma solução", a despeito do fato de suas soluções antigas serem inúteis. Você sabe que não pode simplesmente ir para casa e voltar aos negócios habituais. O mundo inteiro está fugindo dos "negócios habituais". O mundo inteiro está em crise, e sua crise pessoal é apenas uma parte de uma crise bem maior. Esta é parte da razão porque ela parece ser tão assustadora.

Apesar disso, não desista; não jogue tudo para o alto. Não abandone tudo. Não tome pílulas. Não dê um tiro em si mesmo. Cada problema tem a sua solução, e é certo que esta está ao seu alcance, ou Deus não teria permitido que você fosse testado. Lembre-se:

> *Nenhum teste ou tentação que lhes sobrevenha é muito diferente daquilo que outros já tiveram que enfrentar. Tudo o que vocês precisam se lembrar é que Deus nunca os desapontará; Ele nunca permitirá que sejam pressionados além de seu limite; Ele estará sempre presente para ajudá-los a suportar.*
>
> *1 Coríntios 10:13, TM*

Sua crise pode ser grande, mas Deus é bem maior. Cada problema possui uma solução, incluindo o problema que você possui agora. Peça ao Espírito Santo que o ajude a pensar na solução. Deixe sua fé crescer na medida em que você vê o que Ele o capacitará a fazer.

Maturidade e Crise

Sua crise atual veio para amadurecê-lo. O resultado final de uma crise em sua própria vida é maior maturidade – isto, é claro, se você se mantiver avançando em todo o processo. Era isto que o apóstolo Tiago estava dizendo quando escreveu para seus companheiros crentes e lhes disse por que eles deveriam ser gratos por seus testes e tribulações:

> *Meus irmãos, considerem motivo de grande alegria o fato de passarem por diversas provações, pois vocês sabem que a prova da sua fé produz perseverança. E a perseverança deve ter ação completa, a fim de que vocês sejam maduros e íntegros, sem lhes faltar coisa alguma.*
>
> *Tiago 1:2-4*

O que significa tornar-se maduro? Uma pessoa madura possui um caráter saudável. Ela se importa com as outras pessoas, e tem uma capacidade grande tanto para compartilhar a alegria quanto a tristeza, e não é mais infantilmente egocêntrica.

As pessoas maduras se sentem confortáveis consigo mesmas da forma como Deus as fez, e estarão continuamente em crescimento, enquanto viverem. A pessoa madura reflete o caráter de Deus para os outros, por já haver experimentado a obra santificadora do Espírito Santo através de cada tribulação em sua vida.

A pessoa madura é uma pessoa plena, não vazia, e, portanto, possui algo para dar aos outros. Ela está sempre substituindo o que já foi dado com algo mais, extraindo de um depósito bem suprido de experiências de vida e fé.

Em sua primeira carta, o apóstolo Pedro elogiou os crentes a quem estava escrevendo, por sua maturidade de caráter e fé, a qual ele associava com "todo tipo de provação":

> *Pedro, apóstolo de Jesus Cristo, aos eleitos de Deus, peregrinos dispersos no Ponto, na Galácia, na Capadócia, na província da Ásia e na Bitínia, escolhidos de acordo com o pré-conhecimento de Deus Pai, pela obra santificadora do Espírito, para a obediência a Jesus Cristo e a aspersão do seu sangue: Graça e paz lhes sejam multiplicadas... Nisso [na salvação] vocês exultam, ainda que agora, por um pouco de tempo, devam ser entristecidos por todo tipo de provação. Assim acontece para que fique comprovado que a fé que vocês têm, muito mais valiosa do que o ouro que perece, mesmo que refinado*

pelo fogo, é genuína e resultará em louvor, glória e honra, quando Jesus Cristo for revelado.

1 Pedro 1:1-2; 6-7

Uma coisa é certa – seus tempos de crise cooperarão em seu favor e em favor de sua maturidade. Um dos maiores benefícios de enfrentar dificuldades é o crescimento em maturidade, isto é, o crescimento em sua habilidade de refletir traços divinos e fé consolidada.

A Terra Precisa do Céu

As pessoas da terra precisam da maturidade e da liderança do povo de Deus. O mundo inteiro encontra-se em um estado crítico, desviando-se de uma crise a outra, cheio de medo, ansiedade e confusão. Os governos estão enredados em conflito e confusão, falidos de soluções para os problemas que enfrentam. Suas economias estão se desintegrando e sua paz foi devastada pelo terrorismo e pela guerra. Somente o povo de Deus, agente do Reino, pode prover o que é tão desesperadamente necessário.

Saibam disso ou não, o que as pessoas da terra necessitam é ajuda externa – não apenas uma pequena ajuda financeira de um país maior e mais rico, mas ajuda de outro domínio, ajuda do Céu.

Bem no fundo, as pessoas sabem que não têm condições de resolver tantos problemas apenas através de fracos meios humanos. Instintivamente, elas sabem que precisam de ajuda de fora. Essa é a razão porque as pessoas se encantam tanto com o Super-Homem e outros super-heróis. O Super-Homem nasceu em outro lugar, no planeta fictício Krypton, e veio à terra com superpoderes, usando sua superbússola moral como guia para ajudar as pessoas a saírem de suas crises.

Entretanto, preciso ressaltar que o Super-Homem é um herói de histórias em quadrinhos, e todos os heróis humanos na terra postos juntos não conseguiriam prover sabedoria e força suficientes para limpar o caos em que nos encontramos. As pessoas ficam tão entusiasmadas quando um novo líder forte como Barack Obama entra em cena, porque pensam que ele pode lhes prover tudo o que precisam. Mas Obama se formou na mesma universidade que os líderes de Wall Street. E a sabedoria coletiva de todos esses homens também jamais será suficiente. Precisamos de Deus.

Venha o Teu Reino, Seja Feita a Tua Vontade

Jesus é o verdadeiro Super-Herói de que precisamos, e você e eu estamos realizando Sua missão de estabelecer o Seu Reino na terra. Se nosso planeta devastado com crises puder ser invadido pelo Reino de Deus, este será o maior benefício que jamais poderia resultar de todo o seu desespero.

Qual é a sua parte? É simples. Continue praticando a vida do Reino e orando a oração do Reino:

Pai nosso que estás nos céus,
Santificado seja o teu nome;
Venha o teu reino,
Seja feita a tua vontade,
Assim na terra como no céu;
O pão nosso de cada dia nos dá hoje;
E perdoa-nos as nossas dívidas,

Assim como nós também temos perdoado aos nossos devedores;
E não nos deixes entrar em tentação;
Mas livra-nos do mal.
[Porque teu é o reino e o poder,
e a glória, para sempre, Amém]

Mateus 6:9-13, Almeida, RA

"Venha o Teu Reino. Seja feita a Tua vontade assim na terra como no céu". Esta oração estabelecerá a cultura do Céu na terra.

A Cultura do Céu

No Céu, a palavra *crise* não possui significado. No Céu, cada lágrima será enxugada de olhos pesarosos, e não teremos mais dor (veja Apocalipse 21:4). No Céu, ninguém roubará ou trapaceará. Ninguém será demitido de seus empregos, nem perderá suas casas. Pessoas não tirarão vantagem de outras. Ninguém morrerá.

A cultura do Céu não está limitada a "religião", mas engloba tudo:

1. A cultura do Céu possui governo celeste.
2. A cultura do Céu possui valores celestiais.
3. A cultura do Céu possui moral celestial.
4. A cultura do Céu possui economia celestial.
5. A cultura do Céu possui riqueza celestial.
6. A cultura do Céu possui uma sociedade celestial.

Todas as vezes que você for levado a se colocar de joelhos por conta da última crise, ore um pouco mais para que a cultura do Reino dos Céus seja estabelecida na terra. Permita que a crise o propulsione a ir além das limitações de sua situação atual e a avançar para dentro de um novo território. Creia que existe mais que apenas uma maneira de resolver qualquer problema.

A Crise Compele ao Novo e ao Diferente

Ainda que seu progresso tenha sido detido por um aparentemente intransponível Mar Vermelho, creia, existe mais de uma forma de atravessá-lo. Você pode tentar nadar ou conseguir um barco. Ou Deus pode operar um milagre para que você possa atravessá-lo em terra seca – ou que tal atravessá-lo por sobre as ondas? Com a atitude de um inovador do Reino, tente "andar sobre as águas", se for isso o que o Rei estiver lhe dizendo pra fazer. Com Ele, nada é impossível!

Encontre novas maneiras de resolver problemas antigos. É assim que age o povo do Reino. Mesmo Jesus nunca realizou o mesmo milagre duas vezes. Ele curou ao menos seis tipos diferentes de homens cegos. Ele curou os dois primeiros juntos (veja Mt 9:27-31). A outro, o cego Bartimeu, Jesus simplesmente chamou para que viesse a Ele (veja Marcos 10:46-52). Para curar outro, Ele primeiro expulsou um demônio (veja Mt 12:22 e Lc 11:14). Em outro caso, Ele depositou um pouco de saliva nos olhos do homem e impôs Suas mãos sobre ele (veja Marcos 8:22-26). E com outro homem, Ele usou Sua saliva para fazer um pouco de barro, e o colocou sobre os olhos cegos, ordenando-lhe que fosse se lavar no Poço de Siloé (veja João 9:1-41). Cada um dos cegos foi curado, mas não creio que a taxa de sucesso tivesse sido tão alta se Jesus tivesse continuasse a usar a Técnica Número

Um - o método que funcionou da primeira vez - em todas as outras situações.

Se seu problema é ter perdido o único emprego que teve, e agora você não possui renda alguma, comece a pensar em novas formas de resolver seu problema. Adquira algumas ideias do Reino, e pare de curtir sua depressão como sempre fez: "Sem emprego... Sem dinheiro... Preciso conseguir um emprego... Preciso de um salário... Tenho que conseguir um emprego... Preciso de um salário..." E se não mais existirem empregos como o seu antigo? Diversifique-se e verifique mais opções; nunca se renda às limitações.

Nunca receie falhar. As pessoas bem-sucedidas não receiam falhar. De fato, elas só se tornaram bem-sucedidas porque aprenderam com seus erros. As crianças também não têm medo de falhar; elas estão sempre tentando e falhando, e tentando novamente – é assim que aprendemos e crescemos. Quando Jesus disse que desejava que Seus seguidores se tornassem como criancinhas, era isso o que Ele tinha em mente, ao menos em parte (Veja Mateus 18:3-6; 19:14; Marcos 10:14-15; Lucas 18:16-17).

Disponha-se a tentar tudo ao menos uma vez. Quando eu era adolescente, o Espírito Santo me disse: "Olhe, tente ao menos uma vez. É melhor tentar e falhar, que não tentar e ficar sem saber se teria dado certo". Ao mesmo tempo, não se limite a apenas uma tentativa. Talvez você tenha tentado na primeira vez na época errada. Quando o tempo certo e a estação certa chegarem, seu esforço será recompensado.

Numa certa altura do ministério de Jesus, Seus irmãos O constrangeram a "levar Seu ministério a público" ao ir a Jerusalém para a Festa dos Tabernáculos. Jesus disse que ainda não era tempo de fazê-lo, e ficou para trás. Mas logo na manhã seguinte, Ele tomou o caminho para Jerusalém:

> *Então Jesus lhes disse: "Para mim ainda não chegou o tempo certo; para vocês qualquer tempo é certo... Vão vocês à festa; eu ainda não subirei a esta festa, porque para mim ainda não chegou o tempo apropriado". Tendo dito isso, permaneceu na Galiléia. Contudo, depois que os seus irmãos subiram para a festa, ele também subiu, não abertamente, mas em segredo.*
>
> *João 7:6, 8-10*

Com certeza, os irmãos de Jesus teriam contestado a maneira de Ele conduzir as coisas. Por que Jesus não desejava ir para a Festa na hora certa? Como Ele mesmo disse mais tarde aos Seus discípulos, quando pareceu ter Se atrasado demais para visitar seu amigo doente, Lázaro: "Não são doze as horas do dia?" (João 11:9, Almeida RA.) O que Jesus estava dizendo simplesmente é que por conta de apenas 12 ou 24 horas, você poderia falhar completamente em seus intuitos. Hoje poderia ser o dia errado e amanhã, o dia certo. As coisas podem mudar completamente em 12 ou 24 horas. Você poderia ter tentado algo ontem, e ter falhado, mas hoje, você poderia tentar a mesma coisa novamente, e ter sucesso desta vez porque o tempo está correto. Você poderia se candidatar a um emprego e ouvir um "Não", mas voltar no dia seguinte e ficar sabendo que uma vaga havia acabado de surgir.

Lembre-se que a crise de hoje vai passar; ela é sazonal e temporária. O Reino dos Céus é o único lugar onde você encontrará permanência. Em seu país, que é o Reino de Deus, tudo já foi assegurado permanentemente. Nada se perde no Reino dos Céus.

De tempos em tempos, você até deve desafiar seu próprio sucesso. Digamos que você *não* esteja em nenhuma crise em particular no momento. Você tem vivido tranquilamente, viajando na autoestrada da vida enquanto assobia uma canção: a vida tem sido boa para você. Bom, isso não é permanente, então você deveria ser preparar mentalmente para sofrer mudanças. Não se surpreenda demais quando as rodas de seu carro da vida caírem.

Ganhe vantagem sobre as crises. Antes de perder seu emprego, invente algo novo. Pense em coisas que ninguém jamais fez e faça uma tentativa. É assim que o povo inovador do Reino raciocina. Lembro-me de anos atrás quando uma senhora me procurou após um estudo Bíblico. Ela havia acabado de ter uma ideia para um negócio que jamais havia sido tentada nas Bahamas. Hoje em dia a ideia dela não seria tão incomum, mas o era muito naquela época. Ela pensou em começar uma empresa de entrega postal particular, que faria tanto a coleta quanto a entrega de cartas e pacotes nas residências. Ela fez uma tentativa e deu certo. Hoje, ela possui uma das maiores empresas de entrega postal no país.

Comunique a cultura do Reino ao engajar-se no desconhecido. Arrisque-se e use sua fé. Seja corajoso, desafie o convencional e oponha-se à cultura tradicional. Encontre novas maneiras de fazer as coisas, pois estas não têm funcionado. Lembra-se do que foi dito no capítulo anterior sobre implantação versus emprego? Talvez agora seja o momento de deixar seu trabalho tomar a dianteira sobre seu emprego.

Estilo de Vida do Reino

Lembre-se das chaves do Reino, porque elas podem se tornar um estilo de vida. Um dia, Jesus estava explicando aos Seus discípulos porque Ele falava ao povo em parábolas, ao invés de falar como um repórter de noticiário. Ele lhes disse: "Porque a vós é dado conhecer os mistérios do reino dos céus, mas a eles não lhes é dado..." (Mt 13:11).

Nós, o povo do Reino, somos os únicos que podem destrancar as portas, pois possuímos as chaves. As pessoas do mundo nunca poderão compreender. Quando elas se deparam com uma porta trancada, usam todos os tipos de chaves feitas por homens, tentando freneticamente abrir a porta. Enquanto isso, Jesus espera que alguém perceba que essa crise da porta trancada é apenas a oportunidade correta de usar uma de Suas chaves. Ele disse: "... dar-te-ei as chaves do reino dos céus, o que ligares, pois, na terra será ligado nos céus, e o que desligares na terra será desligado nos céus" (Mt 16:19).

Todos os recursos estarão disponíveis exatamente no tempo certo. Não há como você possa melhorar suas chances de obter recursos ficando ansiosamente preocupado (veja Mt 6:31-34). Você não precisa se preocupar em receber uma carta de demissão amanhã, ou sobre como pagará seu aluguel. Apenas viva uma vida confiante e justa do Reino, e apanhe aquelas chaves. As provisões do Reino estão aguardando você bem atrás da porta da crise.

Venha o Teu Reino, Senhor!

Notas Finais

1. Jon M. Huntsman, *Winners Never Cheat: Even in Difficult Times* – (Upper Saddle River, NJ: Wharton School Publishing, 2009), 6.

CAPÍTULO 11

Dez Maneiras de Vencer a Crise

O Homem não é prisioneiro do hábito. Grandes mudanças podem ser forjadas nele através da crise – caso esta seja reconhecida e compreendida.

— *Norman Cousins*

"Foi o melhor tempo, foi o pior tempo..." Esta frase imortal aparece bem no início do romance épico de Charles Dickens, Um Conto de Duas Cidades. A frase é citada com frequência, especialmente em tempos de grande convulsão social e crise – tal como a época que estamos atravessando atualmente.

A verdade duradoura que as palavras de Dickens capturam é o tema central neste livro. Tempos repletos de crise são também tempos repletos de vitória. Com a ajuda de Deus, uma pessoa pode conquistar qualquer crise – e tornar-se mais bem preparada para enfrentar a próxima. É sobre o processo de vencer e conquistar a crise que este livro trata. Bem aqui, no meio de sua crise atual é que "a coisa fica preta" em termos de fé. Das duas situações, uma só acontece: ou a crise o constrói, ou ela o destrói. Minha missão é ter certeza de que sua crise o *construirá*.

Neste capítulo, você encontrará dez abordagens para sua situação atual de crise. Algumas destas formas de vencer a crise chamarão sua atenção mais que outras. De alguma forma, elas causarão efeito sobre você, porque as crises possuem estações e estágios. Se sua crise atual desabou sobre você ontem, deve estar procurando por um ponto de partida. Se você estiver em crise já há algum tempo, precisará de um fortalecimento diferente.

Sejam quais forem suas circunstâncias, e seja qual for a maneira como se sente neste momento, tenho certeza de que você encontrará algo útil neste capítulo. Dê uma rápida olhada nestas dez maneiras de vencer a crise e decida qual delas você precisa ler primeiro.

Número Um: Iniciativa nas Soluções

Em uma situação de crise, você não pode ficar esperando para ver o que acontecerá, e nem pode deixar tudo sob a responsabilidade de outros.

Ainda que você esteja caído na estrada após um acidente de carro, e não tenha forças nem para se levantar, a primeira coisa que precisa fazer é orar e clamar por ajuda. Você precisa ter algum tipo de iniciativa. Se você foi ferido, pode ser que tenha que enfrentar um longo período de recuperação. Pode ser que toda a sua vida mude, e você precisará dar início a soluções inéditas à medida que avançar nessas condições.

Será necessário que você busque soluções a fim de recobrar algum controle sobre a situação, da mesma forma que faria se estivesse em uma zona de guerra e precisasse recuperar territórios que estão ocupados pelo inimigo.

Pense em Davi e Golias (veja 1 Samuel 17). O exército filisteu havia causado uma crise militar ao apresentar o gigante, Golias, para desafiar os israelitas. Todos temiam o gigante, e ninguém imaginava poder vencer inimigo tão poderoso. Mas eles *precisavam vencer,* ou seriam dominados pelos filisteus. O rei Saul e seus experimentados guerreiros estavam tentando ganhar tempo.

Eis que chega Davi, supostamente para trazer comida para seus irmãos mais velhos, que faziam parte do exército. Ele havia ouvido a respeito do desafio de Golias, e sabia que algo precisava ser feito. Com uma combinação de coragem divina e criatividade, Davi deu iniciativa à solução. Ele propôs que ele mesmo, um jovem pastor, confrontasse o gigante. Será que ele estava brincando? Como ele, um simples menino, esperava ter sucesso onde guerreiros bem-armados haviam falhado?

O rei israelita não possuía outras opções, então concordou com o plano absurdo de Davi. Afinal, o que eles tinham a perder? Você sabe o fim da história. De forma nenhuma Davi estava louco, porque ele não estava lutando apenas com sua própria força. Golias zombou dele o tempo todo, mas...

> *Davi, porém, lhe respondeu: Tu vens a mim com espada, com lança e com escudo; mas eu venho a ti em nome do Senhor dos exércitos, o Deus dos exércitos de Israel, a quem tens afrontado. Hoje mesmo o Senhor te entregará na minha mão; ferir-te-ei, e tirar-te-ei a cabeça; os cadá-*

> *veres do arraial dos filisteus darei hoje mesmo às aves do céu e às feras da terra; para que toda a terra saiba que há Deus em Israel; e para que toda esta assembléia saiba que o Senhor salva, não com espada, nem com lança; pois do Senhor é a batalha, e ele vos entregará em nossas mãos.*
>
> *1 Samuel 17:45-47*

Davi usou seu estilingue confiável para atirar uma pedra bem-escolhida e bem-direcionada em Golias. A pedra poderia ter ricocheteado sobre a armadura de Golias, mas ao invés disso, essa simples pedrinha foi capaz de matá-lo, ao penetrar em sua testa desprotegida. O enorme corpo de Golias caiu pesadamente por terra. Então, Davi "correu e arrancou a espada de Golias de sua bainha. Davi a usou para matar o gigante e cortar sua cabeça..." (1 Sm 17:51, NLT).

Davi teve a iniciativa – sem a ajuda de ninguém – de encarar a crise que estava ameaçando sua nação. Em qualquer momento, ele poderia ter ido para casa furtivamente. Ninguém o estava forçando a confrontar Golias. De fato, estavam tentando persuadi-lo a não fazê-lo. Davi poderia ter voltado para seu pai e para o cuidado de suas ovelhas, e ter ficado apenas esperando, na torcida, por mais notícias da batalha. Ao invés disso, ele arriscou sua vida, e sua iniciativa ousada valeu a pena.

Você possui algum tipo de Golias bloqueando seu caminho neste momento? Peça a Deus que o ajude a pensar no que deve fazer. Introduza, então, uma solução ao seu problema, e veja se dará certo. Ajuste seu plano, se for necessário, e não tenha medo de tentar novas táticas. Não recue, pois sua iniciativa pode vir a ser a resposta ao seu problema.

Número Dois: Exija de Seu Potencial

Tomar iniciativas é um esforço que exigirá bastante de seu potencial. O que quero dizer com isso é que suas ações exigirão que você apele para alguns dons, energia e qualidades, tais como a coragem, que provavelmente você mantém escondidos dentro de você.

Talvez você nunca tenha tido que usar esses atributos antes, e por isso, tenha que gastar algum tempo procurando-os dentro de você, mas sua busca será recompensada: você possui mais potencial do que se dá conta.

Se quiser localizar os dons e qualidades de caráter de que vai precisar, você precisará, antes, superar diversos possíveis obstáculos – os inimigos de seu potencial:

1. **Desobediência.** Veja o que ocorreu com Jonas, quando Deus lhe ordenou que fosse para Nínive. Sua desobediência o levou ao estômago do peixe.
2. **Pecado.** Em sua raiz, o pecado é uma declaração de independência de sua Fonte, Deus. É impossível descobrir seu potencial sem a ajuda Daquele que o criou.
3. **Medo.** Quando você permite que o medo o governe, você acaba enfatizando o que poderia sair errado, ao invés do que poderia sair certo. Para canalizar seu potencial, você deve neutralizar o medo com a fé.
4. **Desânimo.** Deus jamais permitirá que você enfrente uma crise impossível de ser conquistada. Ele o ajudará; portanto, descarte o desânimo e substitua-o pela fé.
5. **Procrastinação.** Não faça "corpo mole". Este é o momento certo de agir. "Não fique sentado aí, obser-

vando o vento; faça seu trabalho. Não fique olhando para as nuvens; avance com sua vida" (Ec 11:4, TM).

6. **Fracassos passados.** Recuse-se a ser um "perdedor", não importa quantas vezes você perca. Não permita que a lembrança de uma iniciativa que não deu certo no passado o paralise.
7. **As opiniões dos outros.** Você está cercado por opositores que lhe dirão: "Essa ideia nunca dará certo". Pergunte a Deus o que *Ele* pensa; a opinião Dele é a única que conta.
8. **Distrações.** Tudo o que não ajuda o seu progresso, com certeza o impede. Obedecer a Deus rápido demais ou tarde demais é desobediência. Mantenha o alvo e não permita que urgências momentâneas o distraiam.
9. **Sucesso.** Não desça do "trem" da vida, se este parar em uma estação chamada "Sucesso". Um sucesso ocasional é um grande estímulo, mas você ainda precisa chegar ao seu destino final.
10. **Tradição.** Aja além "da maneira como tudo sempre foi feito", se desejar superar seu tempo de crise. Existe sempre uma maneira melhor de fazer as coisas; ouse tentar algo diferente.
11. **Ambiente impróprio.** Cuidadosamente analise o modo como você usa seu tempo e energia, e as pessoas com quem está associado. Você tem certeza de que esta atmosfera tem lhe ajudado a superar sua situação de crise?

12. **Comparação.** Evite comparar-se a outros. Não tente ser outra pessoa, ao invés disso, tenha como alvo ser o melhor *você* que puder, aproveitando ao máximo suas qualidades exclusivas.
13. **Oposição.** Quando (e não "se") você encontrar obstáculos, não volte para trás ou fique parado. Não comprometa seus planos, a menos que Deus ordene que você assim o faça.
14. **Pressão da sociedade.** Você pode sentir que está nadando contra a corrente, e pode ser que não receba nenhum tipo de encorajamento, mas isso *não* significa que você não poderá ter sucesso.

Todas as vezes que você tiver de enfrentar uma situação de crise, lembre-se que você já está equipado para isso. Deus já plantou a semente certa em você, e Ele pode ter permitido esta crise especificamente a fim de fazer com que ela cresça. Sem mais atrasos, canalize seu potencial.

Número Três: Teste a Criatividade de Sua Equipe

Se estiver trabalhando com outras pessoas, sente-se com elas e diga: "Bom, pessoal, vamos tentar achar novas maneiras de pensar". Se puder, reúna alguns amigos e peça que o ajudem a pensar em formas criativas de superar sua crise.

É como Deus disse após ter criado Adão: "Não é bom que o homem esteja só" (Gn 2:18). Todos nós precisamos de outras pessoas. Ainda que o que estiver enfrentando pareça ser apenas uma crise pessoal, você precisa do que os outros têm a oferecer. Se você estiver enfrentando uma crise corporativa, você precisará de outros ainda mais.

Lembra-se da história de Neemias? Ele vivia no exílio na Babilônia, bem longe de sua terra natal, mas quando ele soube que os muros de Jerusalém estavam em ruínas, ele imediatamente quis fazer algo a respeito (Veja Neemias 1-5). Neemias amava sua cidade e seu povo, e o estado vergonhoso e vulnerável da cidade foi crise suficiente para Neemias se dispor a dedicar anos de sua vida para reconstruí-la. A fim de realizar um projeto de tal magnitude, ele precisaria da ajuda de centenas de pessoas, desde o Rei Artaxerxes até o trabalhador israelita mais humilde em Jerusalém.

No meio do projeto, ele precisou reunir o povo. Eles estavam sob grande oposição de seus inimigos, e mal conseguiam trabalhar. Neemias os reuniu e lhes disse que tentassem algo novo, ou seja, daquele momento em diante, metade dos trabalhadores se ocuparia da construção dos muros, enquanto a outra metade ficaria de guarda com suas armas (veja Neemias 4). Essa não era uma forma comum de construir um muro de cidade. A solução criativa de Neemias funcionou. O muro foi completado e Jerusalém, mais uma vez, estava protegida.

Número Quatro: Creia em Sua Habilidade de Solucionar Problemas

Você deve acreditar que possui a capacidade de resolver os problemas que está enfrentando. Afinal de contas, você é filho do Rei, e Ele pode lhe prover qualquer coisa que precisar. Sua habilidade de solucionar problemas vem da habilidade infinita de Deus de solucionar problemas.

Sendo filho do Rei, seu suprimento de Reino flui através de sua justiça. A justiça atrai a Deus, pois Ele é justo e possibilitou que nós refletíssemos Sua justiça. A justiça é o "cetro de Seu Reino" (veja Hebreus 1:8). O cetro é o símbolo da autoridade de um rei. Quando um rei da antiguidade estendia seu cetro em direção a alguém, essa pessoa passava a usufruir seu favor e bênção. Quando o Rei dos reis estende Seu cetro de justiça sobre você, você entra na proteção e provisão Dele. Devido ao Seu favor, você é rico e não sofre escassez de coisa alguma. Por isso, é certo que você tenha a habilidade de solucionar problemas. Isso faz parte de seu status de filho especial do Rei.

A Bíblia nos ensina que a maneira de canalizar o suprimento do Reino de Deus é manter uma vida justa. Infelizmente, não conseguimos fazer isso com perfeição – essa é a razão do arrependimento existir– nem podemos fazê-lo sozinhos – por esta razão o Espírito Santo nos foi dado – mas podemos ter plena certeza de que temos acesso a toda a Sua provisão quando usamos a chave da justiça. Lembre-se, novamente, do que disse Jesus: "Busquem, pois, em primeiro lugar o Reino de Deus e a sua justiça, e todas essas coisas lhes serão acrescentadas" (Mt 6:33).

Se não nos comprometermos a viver uma vida de justiça, jamais poderemos compartilhar das riquezas do Reino. As riquezas do Reino incluem sabedoria, discernimento e compreensão. Sua habilidade de conquistar uma crise e de solucionar problemas prementes depende de sua maturidade Nele, e com certeza você sabe que isto é verdade por sua própria experiência pessoal.

Portanto, creia em sua habilidade de resolver problemas gerados por sua crise atual – da mesma forma que você crê na habilidade de Deus de salvá-lo e supri-lo de tudo o que você precisa, em abundância.

Número Cinco: Concentre-se no Que Você Tem, Não no Que Não Tem

Você deve se lembrar do Capítulo 4 ("Sete Maneiras de Administrar Uma Crise"); meus dois primeiros pontos foram (1) Determine suas necessidades e (2) Adquira apenas aquilo que realmente precisa. Quando você pretende vencer uma crise, especialmente a financeira, precisa focar naquilo que já possui, e então determinar como irá usar tais ativos. Pare de se estressar sobre o que você não tem, especialmente se o que você não tem for algum item supérfluo e não algo de que realmente *precise*.

Em particular, pare de se comparar com outras pessoas. Se parece que algumas pessoas são "à prova de recessões", e daí? Não comprometa sua santidade ao cair em ciúmes, inveja ou amargura. Não deixe a ansiedade levá-lo a tornar-se desonesto ou ganancioso. Tampouco culpe o "sistema" por suas dificuldades. Ainda que a cultura secular a sua volta tenha lhe causado sofrimento genuíno, você não está sujeito ao sistema mundial; você está sujeito ao Reino dos Céus. Você já sabe como pedir ao Rei por qualquer coisa que precise, de acordo com a vontade Dele. Você também é capaz de ouvir Sua voz e obedecê-lo. "...se pedirmos alguma coisa de acordo com a vontade de Deus, ele nos ouvirá.E se sabemos que ele nos ouve em tudo o que pedimos, sabemos que temos o que dele pedimos" (1 Jo 5:14-15).

Comece simplesmente vendo tudo o que você possui, e peça a Deus que o ajude a trabalhar com isso.

Número Seis: Estude o Que Você Tem

Quando os discípulos contaram a Jesus sobre a crise que estavam enfrentando com comida – mais de 5.000 pessoas precisavam de uma refeição – o que foi que Jesus lhes perguntou? Ele disse: "Quantos pães vocês têm?" (Veja Mateus 15:34 e Marcos 6:38). Começando com o que eles tinham, uns poucos pães e peixes, Jesus multiplicou e produziu alimento suficiente para todos. O que eles já tinham foi suficiente para Ele usar. Na verdade, eles possuíam mais que o suficiente, e milagrosamente eles venceram a crise do momento.

Então, o que você tem? Estude sua situação e apresente-a a Ele. Estude suas posses, sua experiência e seus relacionamentos. Até que você traga tudo o que possui a Ele, Ele não poderá usar nada.

Quando José estava na prisão, ele não possuía muito, mas tomou o que tinha – sua habilidade de interpretar sonhos, sua habilidade de trabalhar com diligência, e seus relacionamentos limitados – e Deus transformou tudo isso em liberdade e muito mais. José tinha relacionamento apenas com o padeiro e o copeiro (veja Gênesis 40). No final, ao menos um desses relacionamentos mostrou ser muito importante.

Número Sete: Procure o Potencial de Seus Recursos

Ao contemplar o que possui, você poderá ver a situação com novos olhos. Ainda que inicialmente seus recursos lhe pareçam muito limitados, você pode vir a descobrir os usos potenciais daquilo que possui.

Deus o criou para ser um mensageiro do Reino, alguém que deve administrar um pedaço do Reino de Deus sobre a terra. Ele não lhe deu regras e regulamentos religiosos; ao invés disso, Ele lhe deu recursos. Deus deu a Adão um domínio, e fez o mesmo com você.

Não importa se seu território de domínio inclui ou não um pedaço de terra literal. Seu território inclui tudo o que você possui legalmente, em termos de Reino. Por causa de seu relacionamento com o Rei, Ele o privilegia e delega a você direito legal sobre seu território.

A fim de possibilitá-lo a cumprir o mandato de administração iniciado com Adão, o Rei multiplicará seus recursos onde for necessário, e lhe mostrará o potencial escondido nos recursos que você já tem. Os recursos que a viúva de Sarepta possuía realmente eram muito limitados. Tudo o que ela tinha era um punhado de farinha em um jarro e um pouco de azeite em uma botija (Veja 1 Reis 17:7-16). Não era muito para o Deus de Elias, mas possuía grande potencial! Todas as noites, Elias jantava com a viúva e seu filho, e cada dia mais comida resultava daquele suprimento mínimo.

Sei de uma viúva que mora perto do aeroporto de Nassau, que encontrou o potencial de um de seus recursos mínimos – seu carro. Ela enche o porta-malas de seu carro com sanduíches e refeições leves, e os vende a equipes de construção em vários pontos da cidade. É desta forma que ela tem mantido três filhos na escola, maximizando seus recursos limitados. Ela conseguiu visualizar o potencial de um porta-malas vazio e sua habilidade de preparar alimentos gostosos.

Quais são os seus recursos? Qual é o *potencial* de seus recursos?

Número Oito: Enxergue Além do Normal

Você precisa habituar-se a manter seus olhos bem abertos. A crise é um tempo ideal para aprendermos a enxergar além da cultura humana em que vivemos. Enxergar além do normal envolve lançar mão de princípios do Reino, e isso envolve redescobrir o Reino de Deus.

Viver como parte do Reino de Deus é bem diferente de sua existência diária separada do Reino. O Reino de Deus é por si mesmo "além da norma". No Reino dos Céus, eis o que é considerado normal:

1. O Rei é soberano. Ele é o Criador, e está no controle de tudo, em todos os lugares.
2. O Rei escolhe Seus cidadãos. A cidadania no Reino é um privilégio.
3. Este Rei é a Fonte de toda autoridade delegada, e Ele delega autoridade a Seus súditos.
4. Este Rei governa Seu Reino com completa justiça.
5. Ele comunica Sua vontade, intenções, desejos e propósitos aos Seus cidadãos.
6. O Rei deseja que Seu povo conheça Sua vontade e O obedeça.
7. Ele fala aos Seus cidadãos através de Sua Palavra escrita e diretamente aos seus espíritos, através de Seu Santo Espírito.
8. A vontade, as intenções, os desejos e os propósitos do Rei são expressos através de Seus princípios, preceitos, leis e sistemas.

9. Ele mantém um código de conduta.
10. Ele capacita Seus súditos a atingirem Seus valores e padrões morais.
11. A cultura do Reino dos Céus é expressa através de seu corpo de cidadãos, que é a Igreja.
12. A cultura do Reino é manifesta na linguagem, na vestimenta, nos hábitos alimentares, nos valores, na moral, e no senso de autoestima de seus cidadãos.
13. O Reino é uma "cooperativa", o que significa que o Rei compartilha Seus recursos.
14. O Reino não é um estado com previdência social. A prosperidade de sua economia depende do trabalho diligente de seus cidadãos.
15. O Rei protege Seus cidadãos com um exército angelical.
16. O Rei educa Seus cidadãos, e Se certifica de que estes se lembrem de como é o Reino dos Céus.
17. O Reino dos Céus é cheio de luz e glória. A justiça, a compaixão e a generosidade do Rei estão em todos os lugares.
18. Os cidadãos do Reino aprendem a obediência através de tribulações e crises que o Rei permite.
19. Os cidadãos do Reino adoram ao Rei com admiração e gratidão.
20. Os cidadãos do Reino auxiliam ao Rei a expandir o território do Reino à medida que exercem a autoridade que Ele lhes delegou.

Enxergue além da normalidade; o mundo a sua volta não é a norma – o Reino de Deus é.

Número Nove: Compreenda a Verdadeira Natureza dos Recursos

Você precisa compreender quais são os recursos que Deus lhe deu. Apenas parte deles é formada de propriedades reais e físicas. Outros recursos incluem seus dons e traços de caráter. Outro recurso é o tempo, e o mais importante de todos é a sua fé.

Como Jesus disse: "sua vida é muito mais do que posses" (veja Mateus 6:25). Postos juntos, todos os seus recursos devem ser bem administrados, a fim de que você possa prosperar. A forma como você administra e investe seus recursos determinará seus recursos futuros. Deus está observando para ver o quanto você administra bem o que Ele já lhe deu, antes de lhe dar recursos adicionais. Ele permite problemas e crises para testar sua habilidade de administrar recursos.

No Reino de Deus, uma parte importante da habilidade de administração é a generosidade. Você está disposto a dizimar – e dar, além do dízimo? Você está disposto a se humilhar e trabalhar arduamente, moldando sua vida segundo o exemplo de seu Rei-servo?

Levando em conta que a boa administração envolve adicionar valor ao que está sendo administrado, você precisa investir sua energia e seus dons adequadamente. Se compreender a natureza dos recursos, também poderá apreciar o seu valor verdadeiro.

Número Dez: Aja em Fé

Você pode discutir a respeito do Reino o dia todo, e pode falar a respeito de coisas como o mandato da administração de Deus. Mas a menos que você se levante e *faça* algo, sua conversa não valerá de muito. É preciso agir. Ninguém jamais superou uma crise sentado, sem fazer nada.

Você sabe como o Antigo Testamento é repleto de histórias de bons e maus reis. Depois que Israel começou a ter reis, foi uma constante: rei bom/rei mau/rei bom/rei mau... Um rei justo era sempre seguido por seu filho que era um homem mau, com planos ímpios, e vice-versa. Alguns daqueles reis foram realmente maus e causadores de crises.

Outros, no entanto, foram considerados bons, porque refletiam qualidades divinas e promoviam princípios divinos. Uma vez após a outra, os bons reis conduziam os reinos de Israel e Judá de volta ao seu verdadeiro Rei, Deus. Quando os bons reis estavam no poder, os problemas e a crise podiam ser solucionados rapidamente com a ajuda de Deus.

Os livros de Reis e Crônicas, no Antigo Testamento, poderiam ser chamados de *Os Livros da Crise*. Temos a impressão que mal uma crise era afastada e suas repercussões silenciadas, outra já estava às portas para substituí-la. Os reis, e o povo sob seu governo, tinham que estar sempre prontos para o próximo golpe. E, exatamente como ocorre hoje em dia, as culturas se chocavam, enquanto as ambições humanas e a ganância tornavam a vida miserável.

O líder que ousasse se levantar e agir em fé e obediência à vontade de Deus sempre vencia sobre seus inimigos. O rei Davi foi o principal entre os bons reis, e suas vitórias sobre as forças inimigas são eternamente celebradas na canção que glorifica a Deus:

> *O Senhor é a minha rocha, a minha fortaleza e o meu libertador; o meu Deus é a minha rocha, em que me re-*

fugio; o meu escudo e o meu poderoso salvador.
Ele é a minha torre alta, o meu abrigo seguro. Tu, Senhor, és o meu salvador, e me salvas dos violentos.
Clamo ao Senhor, que é digno de louvor, e sou salvo dos meus inimigos. As ondas da morte me cercaram; as torrentes da destruição me aterrorizaram.
Na minha angústia, clamei ao Senhor; clamei ao meu Deus.
...Ele atirou flechas e dispersou os inimigos, arremessou raios e os fez bater em retirada.
Das alturas estendeu a mão e me segurou; tirou-me de águas profundas.
Livrou-me do meu inimigo poderoso, dos meus adversários, que eram fortes demais para mim.
Eles me atacaram no dia da minha calamidade, mas o Senhor foi o meu amparo.
Deu-me ampla liberdade; livrou-me, pois me quer bem.
O Senhor me tratou conforme a minha retidão; conforme a pureza das minhas mãos me recompensou. Pois guardei os caminhos do Senhor; não cometi a perversidade de afastar-me do meu Deus...
Salvas os humildes, mas os teus olhos estão sobre os orgulhosos para os humilhar.
Tu és a minha lâmpada, ó Senhor!
O Senhor ilumina-me as trevas. Contigo posso avançar contra uma tropa; com o meu Deus posso transpor muralhas.
"Este é o Deus cujo caminho é perfeito; a palavra do Senhor é comprovadamente genuína.
Ele é escudo para todos os que nele se refugiam.

Pois quem é Deus além do Senhor? E quem é Rocha senão o nosso Deus?
É Deus quem me reveste de força e torna perfeito o meu caminho.
Ele me faz correr veloz como a gazela e me firma os passos nos lugares altos.
É ele que treina as minhas mãos para a batalha, e assim os meus braços vergam o arco de bronze.
Tu me dás o teu escudo de livramento; a tua ajuda me fez forte.
Alargas sob mim o meu caminho, para que os meus tornozelos não se torçam.
Persegui os meus inimigos e os derrotei; não voltei enquanto não foram destruídos...
O Senhor vive! Bendita seja a minha Rocha! Exaltado seja Deus, a Rocha que me salva! ...que me livrou dos meus inimigos.
Tu me exaltaste acima dos meus agressores; de homens violentos me libertaste.
Por isso te louvarei entre as nações, ó Senhor; cantarei louvores ao teu nome.
Ele concede grandes vitórias ao seu rei...

2 Samuel 22:2-5, 7, 15, 17-22, 28-38, 47, 49-51

Torne-Se um Vencedor

Enquanto escrevo este livro, a crise financeira mundial se intensifica a cada dia. Você e eu sabemos que esta será uma longa caminhada. Precisaremos dos princípios e da sabedoria contidos neste livro, porque cada um de nós estará enfrentando novas crises nos próximos meses e anos.

Como venho dizendo desde o princípio, ninguém está isento da crise, nem mesmo o crente mais justo no Reino de Deus. Mas o Reino de Deus, em si, nunca entra em crise. Como cidadãos desse Reino, precisamos ter como alvo resolver cada situação em fé, sabendo que, em parte, Deus permite e até envia crises para nos capacitar a crescer.

Ele quer que cresçamos à Sua Imagem a cada dia, refletindo a cultura de Seu Reino ao mundo caótico onde vivemos. Ele quer que façamos parte da solução – e não do problema – em cada crise que enfrentamos no mundo. Ele deseja que importemos Sua cultura de Reino ao vivermos seus princípios e ao nos mantermos em comunicação ativa com nosso Rei.

As crises serão sempre parte da equação da vida na terra, até que Jesus volte. A questão para você é: como você lidará com sua próxima crise? Você demonstrará a combinação correta de fé, estabilidade, habilidade administrativa, perseverança, e confiança nos dons que Ele lhe deu?

Você vencerá o desafio?

Quero deixar-lhe um desafio meu: este livro representa suas instruções para os próximos seis meses a cinco anos. Desejo que você transforme os conselhos que lhe dei em sua "reação padrão" às crises que, com certeza, você terá que enfrentar. Meu desafio é simples: encontre-me do outro lado da crise. Estarei lá esperando por você!